這一代先知在哪裏？

宣告神的審判與憐憫，
在社會伸張正義，
投身入苦難的世界——
時代的改變不容許我們
過安逸自滿的日子了。

一九七五．五．廿五．

蘇恩佩

在「**想**」和「**faith**」相會之處，開拓前行的方向……

這一代先知在哪裏？

作者／蘇恩佩
策劃編輯／廖迎祺
美術設計／濛一設計坊
出版發行／突破出版社
香港新界沙田亞公角山路33號突破青年村
電話：2632 0000
傳真：2632 0388
電郵：breakthrough@breakthrough.org.hk
網址：http://www.breakthrough.org.hk
http://www.btproduct.com
承印／雅聯印刷有限公司
二〇一三年七月初版一刷

Once Upon a Prophet

by So Yan Pui, Josephine
First Printing, First Edition, July 2013

Printed in Hong Kong
ISBN 978-988-8073-93-1

本書經文取自《新標點和合本》，版權為香港聖經公會所有，承蒙允准使用，特此鳴謝。

歡迎加入突破書籍
Facebook - http://www.facebook.com/btbooks

本書採用環保油墨印刷。

目錄

我們這一代先知

我們唯一的出路——簡樸生活

作者生平

蘇恩佩三十年代末生於香港，曾在香港、澳門兩地受教育。早年就讀於香港英華女校，接觸基督信仰，決志把生命獻給上帝。她自小即流露對基層、弱勢羣體的特別擁抱，對教會只管靠攏上層社會頗為厭惡。預科畢業考上香港大學，卻寧選擇入讀師範，再隻身離家往當時偏遠的荃灣當小學老師六年，愛護一羣貧窮和被人忽視的孩子。其後卻因甲狀腺癌病發（但她並不知道病的真相），被迫終止教學生涯。

一九六三年，大病休養不久即赴美國進修，先於芝加哥慕迪聖經學院（Moody Bible Institute）讀神學，一年後轉往近郊的惠頓大學（Wheaton College）攻讀英美文學，裝備自己服侍青少年。身在海外，她強烈感到中國人無根的悲哀、海外知識分子欠缺委身目標的困惑與掙扎，她問：「為什麼最優秀的中國學生都留在海外工作？為什麼沒有人願意回到亞洲服侍在苦難與窮困中的人？」她決意回到需要自己的中國人中間，貢獻所有。

完成美國學業，帶病的恩佩回應呼召到台灣投入校園福音工作，並擔任《校園》雜誌主編，發表一系列思潮文章，促成雜誌轉型為「基督徒知識分子的刊物」。這時她終於知道自己是癌症病人，使她更確定生命本不屬她，懷着感恩的心，她與死亡相伴，活得比平常人更努力。

一九七二年，她因病情惡化再度返港定居。她對香港有一份難喻的悲憫，有清晰的使命感，更擔負先知先覺的角色，洞察時局的變幻，幫助失落的青少年正視自己的處境和問題。透過創辦《突破》和突破運動，抗衡世俗物質主義倡導的消費文化，她提出簡樸生活、屬靈生活操練等睿智遠見；女性角色、對中國承擔等現代社會文化課題，也是她所關心的；並且始終不忘致力培訓基督教文字創作人才。不到十年間，先後在新加坡、香港創辦三份劃時代的雜誌：《前哨》、《突破》、《突破少年》。

她從無間斷地創作、翻譯，從小説《仄徑》到劇本《春分之後》，恩佩的作品都是她人格、信仰的反映。在她離世以前，寫成《死亡，別狂傲》，記錄她在病中得着智慧，在軟弱時得着力量，在黑暗中燃燒自己。

一九八二年四月十一日復活節，恩佩在香港瑪麗醫院因心臟衰竭而離世，被主接回天家。直到今天，她的生命、她的文字，仍然觸動、説話，充滿祝福。

——輯自《死亡，別狂傲》（復刻本）及蘇恩佩紀念網誌：soyanpui.wordpress.com

導讀

本書主軸為《我能為這個城市做什麼？》、《城中的死亡》、《這一代的先知在哪裏？》等一系列文章，以及作者離世前在《突破》雜誌親自策動的「簡樸生活」專輯，代表作者一個重要的里程碑，反映了她對這個城市、這一代的關注，對先知使命的醒覺。

輔以作者的專欄小品，選自《巴士・渡輪》、《剖視》、《他們也有靈魂》及《蘇恩佩文集》部分書信，當中或有幾許戲劇情節的營造，或有「説教」的意味，都是對知識分子良心的有力拷問。

一輯十九篇的《巴士・渡輪》寫於一九七五至七八年間。是作者對她生活的城市投入、委身的寫照，以她敏鋭的感性和洞見，去探觸社會的脈搏。恩佩筆下，面對這個華洋雜處、經濟高度發達的城市，都有細緻的描繪，勾畫整體社會或人生的輪廓，且力透表象，深入問題的本質。作者在作品裏不斷尋求機械物質文明後遺症的救贖之道，對現代文明有深刻的反省。

然而恩佩血液裏依然盪漾着浪漫的餘韻……在愛與督責之間，感性與知性之間……她對這城市表象的觀察，不是旁觀者的態度，而是委身者，所以筆下帶着溫熱的暖流。

——黎海華〈城市節奏下的暖流——試析蘇恩佩的《巴士・渡輪》〉節錄

談恩佩的文章，相信很少人不被她對信仰的肯定與執著所感攝。她對生命的活力乃源於她的信仰；她對真善美的追求、她對人尊貴美善的確信、她對人底墮陷的悲憫，完全反映她的信仰，更標示着她對神的委身。從基督教神學的角度看，恩佩文章所流露的乃一種「道成肉身」的神學（Incarnational Theology）。她深感基督與罪孽深重的人認同，為使他們能超越提升，她被一種強烈的與人認同的要求支配着。於是，她所寫的，不單是一種有關信仰的思想，而是一種因信仰而來的生命型態。她的神學是貫注於生活中的神學，她的散文所表達的不是一堆思想，而是信仰生命歷程的展現。讀者在其中所得着的，不是思想的傳遞，而是生命的感通。

——余達心〈蘇恩佩文集‧第一冊‧散文序〉節錄

一九六三年，蘇恩佩到美國讀書。她一開始入讀神學立場非常保守的芝加哥慕迪聖經學院，一年後就轉到位於芝加哥近郊、溫和福音信仰的惠頓大學讀文學。從當時「只管天上的事」的慕迪，轉到談文化、講神學、論世情的惠頓，轉校其實標誌着學術和信仰視野的轉移。

六十年代的美國，是飽經越戰洗禮的時代，是嬉皮士反建制精神探索自我的時代；在宗教和神學上，是「神死神學」（God-is-Dead Theology）興起的時代，也是正視社會實況、擁抱神學學術的新福音信仰（New Evangelicalism）開始萌芽的時代。蘇恩佩適逢其會，在校園涉獵了好些宗師級的二十世紀神學家著作，包括當時絕大部分華人信徒甚至不少神學生都未聽過的Dietrich Bonhoeffer（潘霍華）和Paul Tillich（田立克）。……八十年代伊始，恩佩前輩又把Richard Foster那套跟華人教會傳統大相徑庭的屬靈操練、和法國哲學兼社會學兼神學家Jacques Ellul的思想推介來香港。……因着華人教會主流的信仰傳統，不少信徒都在極保守的教會背景下成長，卻少有像蘇恩佩那樣，放開胸懷，涉獵各方不同的信仰思潮，開拓視野，天天在上主面前戰戰兢兢的檢視自己所立之地。

——任志強〈卅年回望身後事——今日教會羣體所虧欠蘇恩佩前輩的〉節錄

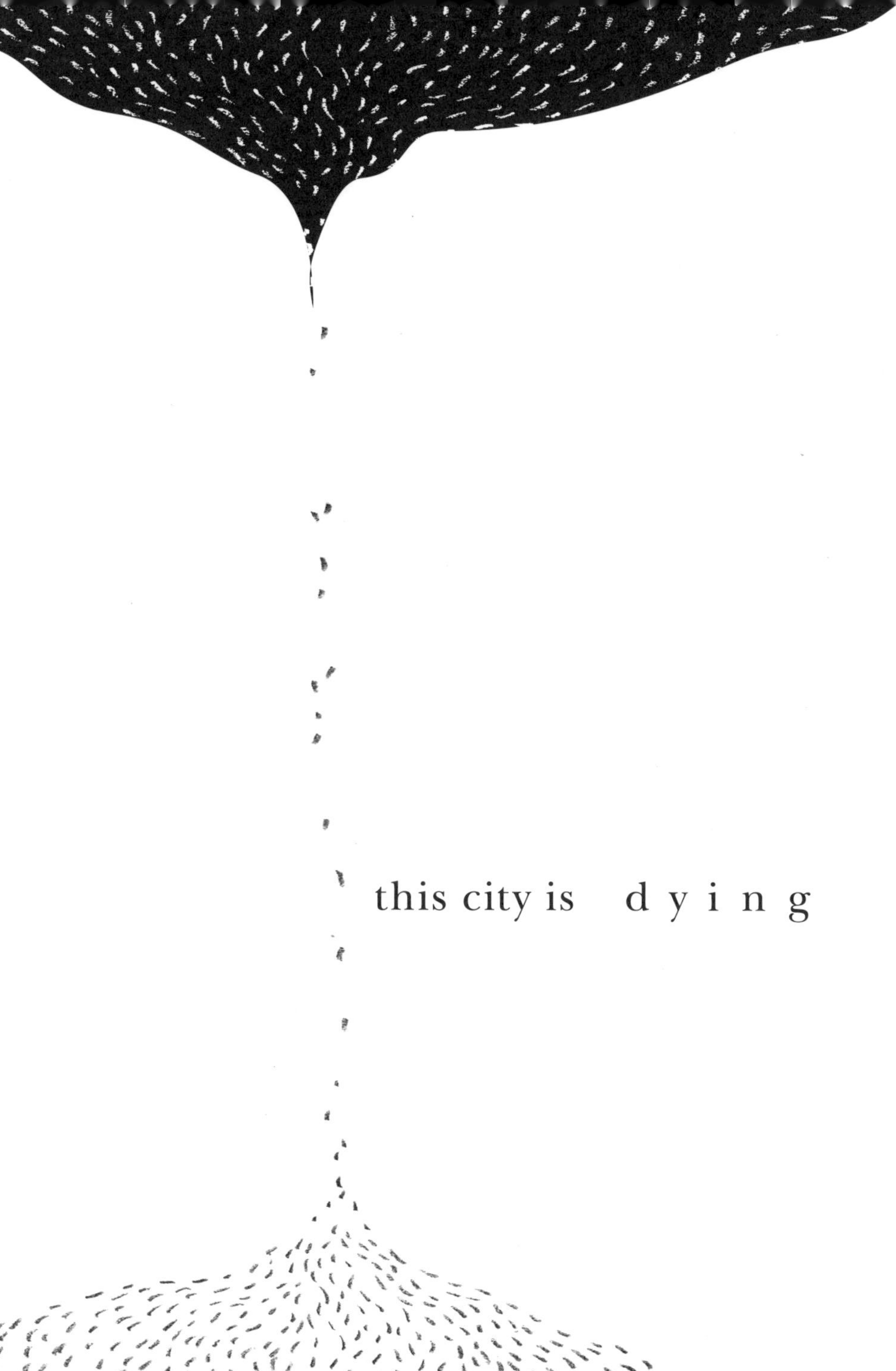

this city is d y i n g

this city is d y i n g

七十年代初的香港，殖民地小城經歷完暴動，裏裏外外亟待重建。移了山，填了海，鋪設海底隧道，發布恆生指數，築成三合土森林，構建極端物質化社會。

太平山上，獅子山下，仍是一個階級分明、貧富懸殊的社會。彌敦道的車水馬龍以外，常有少女失蹤……

1970.1 政府立新例禁止酒吧僱用未成年吧女。

昔日的徙置區改稱新區，卻成了「飛仔」聚集的溫牀，
居民日夕受暴力與罪行威脅。

1970.2 笞刑存廢在社會引起爭議——保留派說「飛仔」日益猖獗，只有用嚴厲的刑法打擊，保市民平安。廢除派認為笞刑不能徹底教育和改造青年，只有感化才能達到這一目的。

大多數罪犯的年齡都在二十一歲以下，
同時色情與暴力的電影、電視充斥市場。

1970.2 香港電視諮詢委員會指出，兒童對於暴力鏡頭是相當敏感的，如果每日所觀看的節目充斥暴力鏡頭，將嚴重影響兒童及年輕人的性格發展。

在這無助與失落的世界中，
一小撮基督徒進入城中一個最黑暗的無政府地帶——
九龍城寨，展開關愛工作。

1972.12 九龍城寨舊樓大火燒死三名兒童。1973-74，逾三千名警察強行進入城寨，剷除城寨內的黑社會勢力。

無論是呼喊「城中的死亡」或是怒吼"This city is dying"，
只有福音的大能，才能把我們的年輕人從罪惡的捆綁中釋放出來。

七十年代的彌敦道

選自——巴士·渡輪（一）

一羣人將我推下來，另一羣人將我迎過去。在洶湧的人潮中，我顯得那麼渺小，自覺如此孤單。車水馬龍的彌敦道不過是一大片荒原。

幾乎每天我都經過這裏——一九七九年後的地下火車總站，城市的「心臟」地帶。幾乎每天我都看到「他們」——他，一個瞽者，一隻手支撐着紅白相間的枴杖，另一隻手拿着一個小鐵罐，微曲着身子，像一面路牌那樣立着。他緊閉的雙目看不到路過的行人，可是他敏銳的知覺告訴他，那些善心人走近他身旁，而鐵罐一聲一聲的叮噹就如計算機一般為他計算了數目。還有他，一個跛者，靠牆壁而坐，他的身體因缺少運動顯得臃腫，只有那一隻被斲傷的腿特別瘦削，斷肢之處，用髒兮兮的「白布」纏裹着，似乎已不再是身體的一部分，而是被遺棄的「廢物」。他倒好像並不太在乎，安於現狀地等待過路人把硬幣丟在他腳前的大碗裏。還有他，一個乞丐，衣衫不整，蓬首垢面，將他全部的「財產」攜帶在身邊，也在這條行人路旁擺了他的「攤位」。

在這只有十多個舖位的一段路上，他們就這樣討着生活。也一定有人養活他們——好心腸的，要靠做善事來撫慰自己良心的，剛行了好運、贏了麻將、中了馬票的……

彌敦道兩旁的大酒店、大百貨公司依然炫耀着物質至上的社會的繁華，我的心卻刺痛着。為什麼「傷健」人士得不到安置（「傷」仍然可以是「健」的）？為什麼容讓一些人閒懶不工作，以乞食為生？（人的尊嚴到哪裏去了！）

我知道一定會有人對我這些「天真的」、「小孩子問的」問題嗤之以鼻，然而我就知道這樣的社會一定是在什麼地方出了毛病！

每次從二等渡輪走出來，我都會看到他。一個五十多歲的男人，清癯、單薄，不稱身的衣服像掛在衣架上。生活的艱苦在他臉上刻上很深的痕跡。有時他會戴上一頂破舊的帽子：是擋住海上吹來的寒氣，抑遮住臉上燃燒着的羞赧？

他拿着一疊數目不太多的報紙，向洶湧出來的人潮兜售。他的口微張着，他的手微顫着，可是他一句話都沒有説。他不是擅於做生意的人，可是他冒着寒風，忍着疲乏，站在渡輪的出口，冀望人們經過他身邊的時候，在沒有抵達那些富麗耀眼的大報攤之前，會從他手中買一份報紙——只是三毛錢一份的報紙。

他站在那兒一整天，能夠賺幾毛錢呢？他太傻了！可是誰曉得，也許他根本沒有錢，連最小本的生意也做不起；也許他大病初愈，沒有力氣做粗重的工作。

我不需要買報紙；可是每次我都向他買一份。我默默向他投以敬意的一瞥——肯付出自己的努力（儘管是最低廉的），懂得什麼叫工作（儘管是最卑微的）的人。總勝似以暴力去搶劫、以奸詐去騙取，總勝似伸出手來向人去討。在他身上我看到人性未泯滅的一面，我看到希望。

我能為這個城市做什麼？

"Till we meet again,
till we meet again, Shalom, Shalom."

在一羣弟兄們嘹亮雄壯的祝福聲中，我帶着閃淚的微笑進入了departure gate，從此離開了我的「第五個家鄉」——新加坡。在候機室裏，上到飛機上，從裏面裂開了的心靈一直湧流出那麼多的液體，我的眼睛擦了又濕、擦了又濕。淚眼模糊中，那一張張誠摯的臉孔浮現起來！顯得那麼清晰、那麼真實。在那一剎我知道自己的淚水是甜的，我的整個靈魂在極其痛苦與幸福中融化。……樂意付出了全部的愛，又擁有與嚐透太多的愛，竟在人世間得以體會神的愛的升華。（我們愛，因為神先愛我們。）啊，所付出的一切都是值得的、太值得的。於是我發誓要愛神更多，要為祂的國度滴盡心裏每一滴血。

回到了我的「第一家鄉」——香港。

快有十年了，自從我離開了這地方，每次回來都是匆匆的；除了前年住醫院那次，沒有駐足超過三個月以上的。這個城市發展得這麼快，已經變得很陌生了。只有天空沒有變——今年的初冬，天空仍是一樣的高、一樣的晴、一樣的藍，白雲仍是飄得那樣遠。只有最高的大霧山沒有變——在這些晴朗的日子，我依然可以看得見它頂上圓形的雷達站。除此以外，海洋也變了（多少個海灣已被填為陸地，我們偉大的工程師甚至在海底放進了巨型的隧道）；山色也變了（多少個曾綠過的山已變成禿禿的，太平山的山腰快被一幢幢高聳的大廈斬斷了，而最近我們生意眼光獨到的企業家，還在山頂建了一個形狀醜陋的圓塔餐廳）；而變得最厲害的乃是我們的年輕人！

在有陽光的日子，我常常到天台去踱步，從一座座大廈的隙間還可以窺到「小山」的一角。我的心為渴想上「小山」去，渴想得發痛（我家後面的小山印滿了我從兒童到青年時代的足跡）。小山該是多寂寞啊！可是快要被窒息的香港人都不敢到山林去吸取一點空氣（前一個月有母子倆清晨到一水塘附近去散步，便無辜的被匪徒殺害了）！今日在香港沒有任何一個人在任何一個地方是安全的。我們把自己緊緊地關在大鐵門裏，有人按門鈴，我們心驚膽跳的從大門的電眼去窺視一下誰在外面。我們不敢信任跟我們同是「人」的人。我們踏進自動電梯的時候，隨時擔心有人進來把我們的脖子「箍」起來，把我們身上的東西全部拿掉（恐怖的「箍頸黨」使我們的生活抹上陰影）。無論白天晚上我們若走在稍為僻靜的地方，便要提防一陣冷風襲來，涼涼的刀鞘貼近體膚；身上帶的錢若「不令人滿意」，刀子是無情的，拿刀的人更是無情的。劫案的頻率快需要動用電腦來計算了，連「新區」家無長物的家庭也受到光顧，而色情案、吸毒、聚賭、糾黨行兇的案件更是層出不窮。暴力的濫用、人命的低賤、人性的歪曲已到頂點了。

而令我們驚心怵目的是大多數罪犯的年齡都在二十一歲以下。這是我們自己的年輕人！

而政府當局喊着要撲滅罪行之際，電影廣告的色情架步仍以「世界一流」的姿態出現，而《小色狼》這類電影又仍獲准上演，還要畫龍點睛的在廣告上加上一句「兒童不宜觀看」。

而我們的教會繼續每周例常的聚會，我們的會眾都是循規蹈矩的中產階級。

（目前唯一令我興奮的是那一小撮基督徒在九龍城寨——無政府地帶——所展開的工作。他們所有的是聖靈給他們的愛心、勇氣和能力。若是可能，我希望有一天把那個「禁城」裏面發生的動人心魄的故事寫出來。）

在有陽光的日子我仍然在天台上踱步，視野所及，是神創造的海水天空、近山遠山；然而當我想到這個大城市每分每秒發生的血腥的罪行，我的心就痙攣。

「我能為這城市做什麼？」——我有的只是病弱的身軀和一枝禿筆。不，我有的更多——只要我真的相信「這福音本是神的大能，要救一切相信的。」

不是嚴峻的法令，不是二十丈高的監獄的圍牆，只有福音的大能，才能把我們的年輕人從罪惡的捆綁中釋放出來。

一九七二年十二月

神要我學習

選自——書信（第一組・十六）

主內親愛的弟兄姊妹們：

機場揮淚而別，到如今又過了兩個多月了。期間我曾跟不少個別的弟兄姊妹們通信，可是我覺得也應該給大家一封公開信，向大家致候並報告一下我的近況。

南大（南洋大學）弟兄們的歌聲猶繚繞在耳邊，"Shalom.....Shalom"的祝福猶在心頭迴盪，而椰影已遠，陽光不再灑在芭蕉葉上，我瑟縮在寒流的肆虐中，僵凍了的手指仍握着一管筆。……而綠色盡褪，空氣裏不再盪漾胡姬的芬芳，眼前全是一座一座三合土的森林，我在極端物質化社會的污染中瀕於窒息。……

有好多年來我很少在自己的「家鄉」——香港——定居兩個月以上的。這一次算是暫時無定期的住下來了，我發現很不容易適應它的環境。這一次我也發現我對它開始有一份特殊的關懷——在它遭受到前所未有的蹂躪的時候。也許您們在報上讀到一點有關在這個地方日夕威脅着居民的暴力與罪行。……而令我們驚心怵目的是大多數的罪犯的年齡在二十一歲以下。這是我們自己的年輕人！我天天在神面前問我能夠為這個城市作什麼？——藉着禱告、個人接觸、文字、戲劇等等帶領失喪的靈魂脱離罪惡、歸向基督。我從未感到如此無助，也從未那麼強烈的感到這個失落的世界需要福音。為我禱告！也許暫時神還要我更多的休息、隱退，更多的在祂面前安靜、謙卑。……過慣了活躍的生活，「靜」比「動」於我是更難的，但神要我學習是誰在掌權，誰在工作。

「寫信」是我目前一項比較積極的事奉。此外，我更忙於一些中文《聖經》新譯的工作。我的任務不是翻譯，而是擔任許多個審閱者中的一個，特別針對文體方面。《聖經》新譯的工作是艱鉅、繁重的，我以極其戰兢的心情從事這項工作，只盼能把神的話語對我們這一代的人交待清楚。趁着這個機會，我重新溫習希臘文，並在了解神的話語上，中文的文體及修辭上，好好下點功夫。

我亦不敢忘記對中國大陸傳福音的負擔，時刻鞭策自己在這方面多作研究。神亦很奇妙的帶領我參加了這裏一小撮弟兄姊妹新近發起為大陸禱告的團契。

健康方面，回來以後，又做了一次同位元素測驗，發現情況沒有惡化。只是長期服藥的結果使我變成了一個"drug addict"，身體和生活都不太正常。不過現在休息多了，健康也有一點兒進步。

最後我願意再一次謝謝您們。星洲一年多的相處，大家對我加倍的愛護真的把我寵壞了。在這些沒有太多電話、太多訪客的日子，我卻又感到寂寞起來。

深深地想念着每一位。

恩佩　七三・一・八

未竟的付出了全部的愛，
又擁有了多嚐遠了太多了的愛，
竟在世人世間得以体會神的愛的昇華。

城市的輪廓

選自——巴士·渡輪（七）

這是一條很特殊的巴士路線，充分地將我們這個特殊環境的輪廓勾畫出來。你可能從來沒有想過一條巴士路線能夠將社會的經濟、文化等等情況表露出來——直至你乘搭了這條線。是的，這是一個階級分明、貧富懸殊的社會；這是一個混亂不堪、令人窒息的社會。只消三十分鐘的路程，你就洞察無遺了。

三十分鐘，你經過最熱鬧、最擁擠的鬧市。你經過最高級的住宅區、難得一睹的花園洋房、高尚人士的俱樂部。你可以從車上探出頭來，觀賞穿着很帥的白色短褲、短裙的先生女士們打網球。假如你是個窮學生，你一定對這「貴族玩意」羨慕得妒忌起來。可是不消幾分鐘，巴士拐兩個彎，就轉進另一個世界。這是以前名叫「徙置區」，現在叫作「新區」的世界。這更是很多青年人戲稱「紅番區」的世界。無論如何，這是本地大部分人口居住的世界。你經過這些一幢一幢長方形的「盒子」，千篇一律、一模一樣的盒子，你就懷疑建築學裏面到底有沒有「美感」這個詞。你看到一羣一羣的人在「盒子」裏輾轉掙扎，你就覺得囚在動物園籠子裏的野獸比他們更舒適、更怡然自得。接着你又經過橫卧山腰的木屋，那些用檢來的木塊、鐵片搭起的「違章建築」，那些與現代水電設備、衞生設備無緣的、落後了一百年的畸型建築物……景色在你眼前轉動得比電影還要快，從二十世紀七十年代最巔峯的享受到差不多接近原始時代的生活，幾乎同時出現，不過是幾分鐘之隔。那急遽的轉變，不合理的距離令你困擾、激動。

在困惑中你看到了在一切之上，那一列蒼鬱的山巒，帶着永恒的沉默，橫互在你眼前。那是屬於每一個居民的，不管他住在花園洋房、新區大廈或木屋。

巴士在終站停下來。巴士終站就在最大和最「有名」的「紅番區」。這個「紅番區」的建築物比較新，也比較整齊、清潔。可是你仍然感到胸口塞悶，因為你想到那許多發生在這些建築物裏面的故事，那些在一層樓的樓梯與另一層樓的樓梯之間進行着的血腥活動。你更想到那個在這區長大，現在被囚在設防監獄高高的圍牆後面的男孩子。

這些建築物，只有對街的一面才有門窗，空氣已是十分不流通的了；可是他們還要在門窗上面裝上鐵枝、鋼條，以防不良分子。這些普羅大眾人家，他們有多少珍寶財物需要防守？他們要防的是誰呢？難道就是自己的鄰居？已經是住在小籠子裏面，還要縮小能夠透氣的空隙——人類的罪惡到底要泛濫到一個怎樣的地步？

你只能往上看，你又看到那一列山巒，在這秋高氣爽的季節，山色特別蔥翠，特別清新。只有這列山巒是屬於每一個居民的，在混亂、醜惡中，向人們保證美善仍然存在。

城中的死亡

這個城市蒸發着死亡的味道——連「初到貴境」的遊客也嗅到了。

他們起初還是不能完全察覺到它的真實性，尤其是那些從遠方的小市鎮，帶着他們一生辛勞的積蓄作環遊世界旅行的老先生、老太太們。因為這個城市太得天獨厚：有幾個地方比它的海灣、島嶼、山峯更嫵媚？有幾個城市比這個建立在小島上的城市更富魅力？晚上，從對岸看過去，那由一層層七彩的燈光構成的圖案使人疑入幻境。……我們的外國老先生、老太太們一面享受着現代化的設備，一面被蠱惑人的東方神祕情調迷住了。他們翻開報紙，看到一些搶劫的消息；可是，那似乎是大城市中「理所當然」的現象吧，只要當心一點自己的錢包就好了。

直至他們要離開的那天早上，正在城中銀行區走着，忽然驚覺有一點騷動，就在他們眼前，一個血人躺在行人道上，頭部、胸部、腹部也不知中了幾刀，血肉模糊，慘不忍睹。

老太太幾乎暈倒了，老先生扶着她，自己手足無措的喊着："Call the police"。這時警察已來了，救傷車不久也到了，傷者被抬走，地上的血漬被擦掉。後來連警察也走了，現場一切恢復原狀，市面的繁華一點不受影響。老先生驚異於行人的鎮定，他們除了腳步加快，走到對面馬路之外，對這樁事似乎沒有加以注意。老先生更佩服警察處理案件的速度，彷彿他們已胸有成竹，對案情瞭如指掌，只是他忘不掉那血腥的味道。

一個水手下了船，到城裏去逛，在熱鬧的廣場一輛「白牌的士」把他送到擠滿了大小船隻的避風塘岸邊，接着一個艇家女招手叫他踏上一隻小艇，把他送到目的地——海上電影院。那是一隻大船，船上豎起了一個銀幕，放映着令人噁心的「春宮電影」，包括一些違反人性的性行為。大船的周圍停泊着四、五隻小船，可坐滿兩百個男觀眾。假如這個水手要看更刺激的節目，他可以到另一種船去，看一些十五、六歲的女學生在「活舞台」上表演——這種的票價要貴上好幾倍。而這些女孩子——多半是水上人家的女兒——把肉體出賣了給操縱這行業的黑社會人物，所得的代價也不過是一個月五百塊錢。水手看完了節目，還有人向他兜售一些「照片」，這些照片連水手看了都要臉紅呢。

在岸上這些色情的架步更普遍了：酒吧、音樂廳、甚至豪華的別墅，裏面藏着的都是污穢。

（每天報上都有「少女失蹤」的消息。偶爾警方也會破獲幾宗案件，透露了少女被「飛仔」強姦、禁錮、虐待，被賣為娼的實情。）

沒有人確知有多少女孩子在火坑裏消蝕、腐化。……

「非禮」的案件早已不是「新聞」了，可是日來那些使居民驚心膽跳的劫案更「升級」為「姦劫」案。

我們去怪誰呢？不但色情與暴力的電影充斥了市場，（要是取締它們，政府的稅收可要受到影響呢。）而且誰敢鑑定藝術與色情的分野呢!?電影廣告的色情架步更是世界一流的，而作為「人民喉舌」、以「伸張正義」為己任的幾家大報紙，也不敢放過這些優厚的廣告費的收入。（「人不為己，天誅地滅」！）

有幾條專營熟食攤子的街道，現在成為「死巷」。不，對那些「熟客人」它們是活的——經營着另一種活動。對於那些不熱衷於賭博的人士，它們卻是「此路不通」了，因為在街頭街尾都有人為着裏面的活動「把風」，而正派的居民只好繞圈子經過又黑又臭的水溝從後門回家去。

這類事件也許還有許多居民不曉得，可是少數人濫用暴力的結果使得大多數人的自由與安全受到威脅，已是這個城市的居民必須接受的命運。這些日子只要持着利器，就可以為所欲為了。人性的歪曲、人命的低賤已到了頂點！

可是我們該怪誰呢？我們固然可以怪殖民地政府對人民沒有真正的關心，然而這個城市的問題也不是那麼簡單就可下結論的。受過害的居民固然可以痛罵匪徒喪盡天良，可是難道一般市民就沒有責任嗎？從沒有愛的破碎的家庭出來，少年人不是很容易就走上吸毒、濫交的路嗎？假如作老師的拿着原子粒收音機在課室裏聽股票行情，作母親的丟下孩子一天到晚往「金魚缸」（證券交易所）跑，下一代的會有怎麼樣的價值觀念呢？在這個城市裏，物質的價值就是一切，因此從這種物質化的人生觀所產生的後果不過是「自食其果」而已。

而基督的教會呢？我們仍然在每個主日崇拜（教友都是循規蹈矩的）；我們仍然在按時舉行查經班、禱告會、青年團契（他們都來聚會，沒有到不良場所去，他們也「不與世俗為友」的）；我們一年也舉辦幾次傳統方式的佈道奮興大會（那些吸毒的癮君子、黑社會的「飛仔」是不會來的）。

我們的基督徒多屬靈啊！他們只看屬靈的書籍，坐下作屬靈的交通（談股票例外），看到社會的不靖，就大歎「世風日下，人心不古」，然後彼此勉勵說：「這是末世，主來的日子近了，我們要儆醒！」

我的神啊！

在這個城市裏每天多少人活在滅亡中，

而這些人是教會一點也觸不到的……

後記：離開我出生的城市快十年了，每次回來最多只有三個月的停留。這次算是最久的了，而這次也正在它飽受蹂躪的時候，我天天為這城市哀哭，在我的軟弱當中，忘不了福音能力的挑戰。

一九七三年三月九日於香港

他們也有靈魂

第一次和澤琪會面是在咖啡店。紅燈擋着我，不能馬上越過馬路去，可是對面咖啡店門口斜倚着的那個女孩準是她——一頭略帶金黃的棕髮，黑色上裝，襯着一條彩色花紋的長褲。我揮揮手，她馬上直起身子向我熱情地搖手。她怎麼能夠從一大堆要過馬路的人中認出了我就是要和她見面的陌生人？這就是澤琪。她的反應太敏銳，渾身是直覺。

「是喬嗎？」她伸出了右手，從那緊緊的一握，我已經感染了她的熱情。還沒有坐定，她就開始談她的「男孩子們」；而一談起他們，她的雙眸就透出了一種極少見到的放射着高熱度的光輝。侍者來了，她叫了用以驅除疲倦的咖啡（其實她自己就是另一種的「癮君子」呢），然後繼續告訴我那些吸毒青年的故事。

介紹澤琪給我認識的是德。半年前從新加坡回到香港，我就發現德有了改變。記得未去新加坡以前我們也有不少機會談話。那時候他從外國回來不久，情緒非常不穩定。在外國留學才做基督徒的他，帶着一腔奉獻的熱情，要回到自己出生長大的地方，向自己的同胞見證他所信的救主。剛回到香港，他就加入各種傳福音的團體，儼然大忙人的姿態出現。他有着許多剩餘的精力須要發泄，可是在心靈深處，不安定的暗礁隱埋着；他其實還沒有找到神要他扮演的角色。闊別一年多，我再見他的時候，他靈魂的錨已找到了落腳點。

經過了一種更深入的屬靈經歷，他確定了神的真實性。在禱告、靈修中，耶穌基督接近得就像他旁邊可以觸摸的朋友一般，於是滅亡世界的窘境刺痛着他，而傳福音的熱誠變得真正具體起來。他發現他真正愛着每一個活在滅亡中的人，他甚至能夠愛那些為社會唾棄的「壞人」。他發現他們對福音的信息也會有反應，而且也只有福音的能力能夠改變他們。……

我開始從他口中聽到了澤琪的名字，還有迪和冬娜，還有他們在九龍城砦（九龍城寨）設立的「青年中心」；還有許多吸毒青年、黑社會的故事……於是那一向對我模糊、陌生的「地下世界」變得真實起來——可怕的真實，令人要哭泣的真實。

也就是這樣我去了九龍城砦一趟。這個香港最特殊的「名勝之地」，許多外國遊客都會去「觀光」一下；可是本地的「奉公守法的良民」卻不會進去的。這個彈丸之地成了香港的「問題地方」，也可說是殖民地主義產生的罪惡後果吧。只因當年滿清政府未把這塊小地方劃入租借範圍，統治香港的英國政府不能把權力伸展入砦城內，到了今天它的存在使政府感到尷尬。由於是「無政府地帶」，它成了歹徒的避難所和一切不合法營業的溫牀。一日有它的存在，一日香港政府就無法撲滅罪惡——即使政府果真有決心要撲滅罪惡。

九龍城砦像個八陣圖，又像個迷宮，不懂得路的人很容易在那些「羊腸小徑」拐來彎去之間轉不出來。在下大雨的日子，這個低窪之地會淹水，人們要游泳才能出去。甚至在晴天的日子，那些小巷仍是潮濕得很；而且由於多數的房子都擠在一起，又沒有自來水供應，一陣令人噁心欲嘔的臭味從渠道發出來。二十分鐘前剛經過最現代的尖沙嘴區，不能不感到這個地方實在是對現代文明最大的諷刺。

不過城砦也不像一般人想像的那麼可怕——最低限度表面上並不那麼可怕。那天晚上，我跟着德在泥濘的後巷轉來轉去，我所看到的只是一些開着的店舖，一些人在搓麻將，一些人在看電視，一些人在閒聊；還有一些人從掛着半幅簾子，半開半掩的屋裏進進出出。還有幢幢黑影從我身邊滑過，消失在幽暗的彎角裏。只是德卻在我身邊耳語：那是一個妓寨，那是一個煙格，那是一個大賭檔……然而事後德也告訴我構成九龍城砦表面平靜的因素。整個城砦是由一個「地下組織」控制的，它的頭子必須維持治安，使「客人們」能夠不受困擾的在這兒享受，否則各種營業就要受到虧損了。因此在城砦裏面很少有搶劫案發生，比外面還要安全呢。

「青年中心」在一幢兩層樓房的地下，房租是德他們幾個人合付的，地方很小。我們進去的時候只有幾個男孩在打乒乓球。

「來，波仔，你告訴蘇小姐你信了耶穌有多久，你是怎樣信的。」

波仔看來只有十六、七歲的樣子，他忸怩地向我微笑，沒有說什麼，卻邀請我加入和他們一起打球。可是從他的微笑我直覺地相信他已是一個真正的基督徒。後來德悄悄告訴我他決志信主約有六個月，已經戒毒了。（他的毒癮是較淺的。）

八點半以後陸陸續續的有更多男孩子進來，有些進來以後還坐在角落打瞌睡或發楞。幾乎沒有一個男孩看來健康的，每張臉都蒙上一層灰黃色，眼球也是灰黃色的。其中兩個人的眼珠子都陷下去了，周圍的眼眶全是黑，兩邊臉腮凹了下去，活像兩副骷髏。

「他們還不到二十歲呢。」德垂下頭看着自己的鞋尖，「他們的生命已消蝕了大半了。不過你不要以為他們兩個是吸毒最深的，他們有其他的問題。個子較矮的阿華被人刺傷過好幾次，內部受傷很重，跌打醫生都沒辦法。吸毒最深的是坐在波仔旁邊那個，你覺得奇怪，是不是？他現在看起來比其他的都強壯。他騙我們説已經戒了毒，裝出很虔誠的樣子，其實他還沒有脱離魔鬼的捆綁。」

約九點鐘聚會正式開始了。德有力地撥着吉他的弦，那種節奏叫他們精神抖擻起來，有勁地大聲唱着短歌。唱完短歌是短講，由一位醫生向他們講解醫學常識及一些聖經教訓。這位醫生雖然用着最輕鬆的態度，用他們聽得懂的語言，加以圖片講解，有一部分男孩已經不能集中注意力了。另一部分卻反應太「熱烈」，對講員的每句話都加上「註腳」，講員幾乎無法講完他要講的。

「太不像普通教會的團契聚會吧。」事後德笑着對我説：「其實那天晚上已是比較正式的聚會了。再加上你這個客人，大家都很客氣呢。」

「你看到的只是我們工作的一小部分。你應該聽聽城砦黑社會第二號首領跟我講的一席話，你應該聽聽那些孩子決心戒毒以後毒癮發作時的禱告：『耶穌大佬啊！救命啊！』不是很優美的禱詞，是嗎？那是場屬靈的爭戰。」

我盯住德，我知道那是聖靈的工作。以往過慣了典型香港大少爺生活的德，家中有兩部汽車，母親的寵兒。……還有迪，比德的背景更優越、更有前途。還有冬娜，在大學裏修哲學碩士。還有澤琪。……

澤琪怎樣把自己獻給這些「犯罪青年」，那又是另一個故事呢。第三次和澤琪在一起是跟着她在法庭與咖啡店之間跑……嚐一嚐她「工作的一小部分」的滋味。

澤琪把我留在法庭聽審訊，她自己跑到下面，找一個少年感化官去。一部分感化官嫌她嚕嗦，因為她老是為她的「孩子們」申訴、辯白。（誰都知道警察並不完全代表公正，許多時候那些不良少年是冤枉的。）另一部分的感化官卻要借重她，因為他們知道他們那套方法產生不了多少感化作用。

澤琪的正義感使她忍受不了任何不公正的事，而香港社會的腐化更使她震驚。儘管社會人士對她這種「天真」只能投以譏誚和「憐憫」的眼光，而甚至老於世故的中國基督徒也勸告她「算了」；可是澤琪只有一個選擇，那就是「投身」。

我們從法庭出來，匆匆趕到附近的咖啡店，澤琪約好了大衛在那兒等她。大衛是千千萬萬青年中的一個，小學也沒讀完，終日在外流蕩，加入了黑社會，終因吸毒被捕，不久前才放出來。不過他在最近決志接受耶穌為救主，也決心戒毒。澤琪為這個「新的嬰孩」感到要負上相當重的責任，她也非常了解他周圍的陷阱，因此她很着急要看看他最新情形怎麼樣。

澤琪的咖啡喝完了，早餐也吃完了，大衛還沒有來，眼看已過了約定時間四十五分鐘。

果然大衛睡過了頭，那時候才起牀，要求她到他家附近的一個咖啡店。於是我們又匆匆趕到另一個咖啡店。正是中午時分，許多男女中學生在吃午餐。我默默地環視那川流不息的人羣，聆聽着雜沓的腳步聲、笑聲、談話聲（其中不乏粗言穢語），焦慮、慚愧，和悲哀淹沒了我。我能夠為這些迷失的羊羣做什麼!?

又等了約二十分鐘，我正想對澤琪說：算了，大衛便出現了。在他身旁還有一個比他高、比他壯的男孩。他介紹說是他「細佬」。起初我以為是「那種關係」的「細佬」，可是他強調說是他親弟弟。看那個弟弟穿着校服，拿着課本，原來是中五的會考班生。

大衛臉色青白，看來身體柔弱，也反映出意志薄弱的個性。「我現在好多了，」他抿着嘴笑。「自從出來以後，整天在家裏睡。」他弟弟也強調說：「他現在好多了。」

澤琪跟大衞談話，而做過學生工作的我，也就趁這機會跟他弟弟聊起來。

「我讀過天主教學校，現在讀基督教學校，道理聽得多了，不過我暫時還不會相信。我總覺得一個人只要意志堅強，就可以勝過一切的引誘。」

「真的嗎？」我心裏浮起了學生吸毒日增的數字。大概他跟哥哥比較，覺得自己還很不錯吧。大衞深深經驗到罪惡和魔鬼的真實，因而也更易於承認自己的無助和神的能力的真實。

「告訴我一點你以前參加的那個組織好嗎？我對這些懂得太少了。」我跟大衞搭訕起來，而他也很坦率的告訴我許多令人驚駭的事。

「……你知道，三合會的人都是拜關帝的。我們入會的時候，一定要把自己的血和兄弟們的血混在一起，結盟為兄弟；又要發毒咒誓願——那些咒真是很毒的——要是不守願，會終身殘廢等等。……」說到這裏，一層霜蒙上了大衞的臉。我知道迷信的陰影仍會不時籠罩他的。

「你現在不拜關帝了吧？」

「信了耶穌以後，不拜了。……不過，信不信由你，關帝也真是很靈的。我們有些秘術，刀劍不能傷身的。我試過，不騙你，用刀子大力插，也插不進去。可是假如讓別人破了你的法術，那就遭殃了。你信不信？」

「我信有神，當然也相信魔鬼。不過魔鬼顯靈只為了引誘人犯罪，你只要靠耶穌脫離了他的權勢，他就不能傷害你了。」在這二十世紀，人們仍活在迷信的桎梏中。我的心絞痛着。可是事實上，現在甚至在西方，拜魔鬼的趨向愈來愈利害。

澤琪不知和大衞嘰咕些什麼，然後打電話去了。「她要找我的『大佬』，要跟他講耶穌。」大衞又抿着嘴笑。「我叫她不要去，可是她說不怕。說真的，白小姐真有她一手，我們的兄弟都服她。雖然在表面上我們笑她傻，可是心底對她非常敬佩，因為她不但不怕死，而且她甚至肯為你死！她雖然是女性，卻像男生一樣強。我們兄弟試驗過她了，他們跟她開玩笑，用拳頭打她，打得她眼淚直流，她也不喊痛。」

澤琪走回來了，興奮得很。「我跟他約好了，今晚見面。大衞，你不能去，你現在還是信仰上的小嬰孩，你敵不住他們的試探的。喬，我今晚要去柴灣新區見大衞的『大佬』。為我禱告！」柴灣新區——一個飛仔集鬥的地方！

我想冬娜說對了：澤琪的personality固然適合這種工作，不過最要緊的是她有一種全心全意愛神、順服神的心志，這是為什麼神特別揀選她來做這種工作。

一九七三年五月八日

目前唯一令我興奮的是那一小撮甚至會決定九龍城砦——

无政府地帶——所展開的工作。

他們所有的就是無畏給他們的愛心、勇氣和能力。

若是可能，我希望有一天把那些（在那一片黑暗裏面付出青春的人）動人心魄的見証（故事）寫下來。

死亡，別狂傲（十四行詩）

死亡，別狂傲，縱或有人稱你
聲勢駭人，縱而並非如此；
那些你自信可以推翻的人
是不滅的，可憐的死亡，你未能殺我。
從憩息與睡眠，（這不過是你給人的形象）
產生不少樂趣；這樣，更豐富的還要從你產生，
而瞬間我們當中最好的人都隨你而逝，
他們的身體得安息，靈魂得釋放。
你不過受命運、機緣、帝王、絕望者奴役，
與毒藥、戰爭、疾病為伍，
然而罌粟或符咒也會得使我們入睡，
而且比你的魔力更高明；你為什麼沾沾自喜？
短短的睡眠過後，我們將永遠醒來，
而死亡遂不再。死亡，你要喪命。

——約翰·多恩 1572-1631（蘇恩佩譯）

獻給年青的朋友

獻給年青的朋友

百多年殖民地歲月，借來的時間，借來的地方，多少代青年在迷失中摸索方向。歷史太遙遠，未來太虛幻。缺乏國家意識、社會意識，他們不知為誰服務。眼前只有享樂主義、成功主義向他們招手……

無論在哪個年代，家長總嫌學校家課少，硬是要替孩子請「補習先生」。
假如整個社會也顧着股票行情，為人父母的一天到晚往交易所跑，
下一代會有怎樣的價值觀？

1973.7 警方破獲大麻及迷幻藥等毒品的案件一年比一年增加，尤以青年為多，不少是吧女、應召女郎及學生。本年度有數名學生因吸服過量大麻及迷幻藥致死。

層層級級的會考、聯考、留學試，剝削掉青春的時間、精力。
不管哪一輪教育改革，帶來的是茫然苦讀，原來分數、文憑和薪水才是目標。

1974.10 政府就香港未來十年的中學教育發展，向立法局提交政策白皮書。教育團體呼籲爭取三大教育改革目標：實施以中文為教學語言、反對設立中三淘汰試及爭取五年免費中學教育。

然而，總有愛思想的年輕人，堅持理想，
追求更大的自由、解放，尋找值得把生命投上的地方。

1971.7 尚未註冊成為合法團體的學聯，抗議日本侵佔釣魚台，舉行示威，警方以武力清場，打傷和拘捕了部分同學。

直至今天，年輕人繼續行使青春的權利，
學聯和新成立的學民思潮一直活躍於社會運動。

從《教育白皮書》談到我們的教育理想

一九七四年十月十六日發表的《教育白皮書》——即香港未來十年中等教育計劃——像一枚小炸彈，投在這個已經怨懣沖天的社會裏，引起一連串憤怒的抗議、激烈的抨擊。

在一片反對聲中，港督在一次公開演講中斷然表明立場：「通過中學《教育白皮書》的方案，將不會延期，亦不會對《白皮書》作任何修改。」在答覆教育行動小組的質問時，他的答案也是斬釘截鐵的：「《白皮書》已成既定政策，社會各界輿論無法左右之。」

「最後通牒」都已發下來了，我們還應說話嗎？時至今日，當所有的報紙刊物及其他關心教育的人士都說完了他們對《白皮書》的意見，我們還有話可說嗎？

有的，而且我相信是更為冷靜、客觀的觀點。我相信我們可以從另一角度去看這個問題。我仍深信輿論有它的價值和作用——儘管我們處在沒有真正「民權」的地方。我仍然深信：有理想，才會有改革。

《突破》編輯們在去年十二月初開會，討論長達四小時，大家熱烈地發表了對《白皮書》及教育的看法。我們現在要提出來的，倒不僅是一些細則的問題，而是細則後面的大前提。我們的意見也不僅是針對施政者，同時亦針對所有與教育有關的人士（包括家長），因為這不單是制度的問題，也是心態的問題。

針對《白皮書》而言，我們認為：（一）實施九年普及教育可算是一種進步，但應以十一年普及教育為最終目標。初中三年資助教育應改為免費。（二）不但廢除升中試，連中學會考也應廢除。「初中會考」是完全不合理的。所有這些會考實際上都扼殺學生身心平衡的發展。（三）未來十年僅計劃提供百分之四十高中資助學位予十五至十六歲的青年，對其餘百分之六十青年的去向，不加以詳細考慮，顯示當局對青少年問題缺乏真正關心。（四）教學語言由各學校「自行作出決定」是不負責任的態度。既然就教育觀點而言，用母語學習可得最佳效果，當局應規定中文為中國人學校教學的語言，而同時加強英文教學法，使用「活」的教學法，提高英文水準。（五）《白皮書》表達得籠統含糊，更令人懷疑在正式執行各項細則時會否「面目全非」。（六）《白皮書》實際上完全忽視教育質素。

政府不能提供足夠學位總是因為經費問題。其實以香港政府收入每年的盈餘而言，經費不是問題。只要立法局諸委員認為全面普及教育是應該實行的、只要當局有計劃、有決心，增加學位和興建校舍都不是不可能的。至於用會考來甄別學生，只不過是教育制度不建全而有的畸形產品。只要當局嚴謹地管理所有學校（包括私立學校），保證它們的行政、師資、課程等都達到起碼水準，那麼學生平日在校的成績就應具有足夠代表性。此外，採用「傾向測驗」及加強學生輔導，可以作為幫助學生決定升學或就業的指標。

《白皮書》說得很清楚，香港未來十年的教育目標「厥為至一九七九年時，使所有兒童均能接受九年資助教育」，因此一切措施在於提供足夠學位、足夠師資及足夠校舍來達到這個目標。假如這就是香港教育的目標，難怪《白皮書》沒有修改的必要，而一切討論都是多餘的。

問題就出在這裏：香港政府根本缺乏（或不重視）正確的教育目標。

我們也不願故意漠視實際的一面。教育措施不過是這個「特殊殖民地」許多的病徵之一。以「殖民地」來說，它不算是最壞的；何況它還要應付許多「特殊問題」，例如說：除非它能控制人民入境，使人口不致爆炸，否則一切建校、增加學位計劃都是枉然。「不正常」的政府怎能建立正確的目標呢？一個在「借來的時間」生存的「借來的地方」，又怎能有長期通盤的計劃呢？它只求敷衍塞責，只求在彼此互利的情形下生存下來。

也不能將所有責任歸咎於政府，人民心態直接影響了教育風氣。「學而優則仕」不就是中國封建制度傳下來的觀念嗎?到如今,大部分家長仍滿腦子是「萬般皆下品,惟有讀書高」的思想。他們嫌「官立學校少家課」,他們節衣縮食都要替孩子請「補習先生」。……這都是封建觀念作祟。

「歎世界……啱晒……」——在這物質至上的社會,各種大眾媒介日夜將享樂主義、成功主義灌輸給年輕人。除了為文憑、薪水,他們對教育目標茫然。缺乏國家意識、社會意識,他們不知為誰服務。

不重視教育目標,不重視教育質素,基本上就是忽略人的價值。作為基督徒,我們強調人在上帝眼中有無限的價值;在這期特輯裏,我們提出了培養靈、德、智、體、羣、美的全人教育理想。

我的中學教育也是在香港度過的,但我可以回想在學校度過愉快的時光:如何跟教生物的老師到山上去「窺視」鳥類,如何在教英國文學的老師家中圍着火爐讀莎士比亞的劇本,如何在課餘到校長家中玩「拼圖遊戲」,又如何在復活節假期的退修會裏面享受大自然、思索人生。……還有一些老師如何帶領我們討論,點燃我們對學習的熱忱;一些老師的品格如何引起我們的敬佩。……

因此,我們也強調每個教育工作者的責任。在教育團體指責《白皮書》之餘,每個老師能否捫心自問:我是個好老師嗎?我有實行我的教育理想嗎?

真正的學習生活

選自——悼蕭校長

蕭覺真女士當了英華女校校長四十年；她是我的校長、我的良師、益友……

據説她老人家在去世那天上午仍像往常一樣一早到城裏守禮拜，下午回家為着趕交一份教會的財政報告，不歇息地忙到晚上，待完全竣了工才上牀睡覺。就在睡夢中她息勞了。上天免去了她受疾病、軟弱折磨，讓她從一個國土的工作崗位馬上遷移到另一個國土的工作崗位。這也許算是偏愛，卻贏得了她所有學生齊聲的「阿們」。

從小學蕭校長已是我的校長了；不過，小學時期，我對她只有一份遙遠的畏敬。她要是對我説英國話，我只會答「是」或「不是」，她要是操起廣東話，那洋腔怪調又給我很滑稽的感覺。其實校長的廣東話很流利，中文造詣也很深，語言並不構成隔閡的因素，只是在我們小學生的觀念中，她是屬於「中學」的——那是另一個世界，是屬於人生另一個階段的。

上了中一，對學校的歸屬感馬上變得強烈起來，而校長很自然地成為這歸屬感的中心。校長教我們懂得什麼是「中學生活」——或真正的「學習生活」。中學就是不用每堂全班一齊朗誦課文或乘數表，相反地是由老師帶領我們去思考每一個問題，去討論和發表我們的意見。中學就是不用每天回家把課文背熟或抄幾遍，相反地是自己到圖書館去找參考資料，或看報紙去找生活實例。中學是不用老師像趕小鴨那樣監視我們排隊，而懂得自律地排好隊伍去集會。

直到我自己學了教育原理，我才明白當時校長採用的是啟發性的新教學法。這不是中學與小學的分別，相信若是她當我們的小學老師，她也會這樣訓練我們。校長的年齡雖然比我們大上好幾倍，她的思想卻非常前進。但是她也能夠體諒我們中國孩子不習慣上課時發問和討論。不過她不願意縱容我們的惰性和被動性，她總是要鼓勵我們勇敢一點。猶記得每次校長發出一個問題，我們就垂下頭去，免得與她的目光接觸；可是她並不放過我們，她把我們的名字記得牢牢的，誰的頭垂得最低，她就喚誰的名字，請她答問題。

我的中學時代，家課很少，每天放學回家，有很多空餘時間可以看課外讀物（可幸那時電視還沒有侵入我們的生活圈子）。我的愛好是看文學作品，不論中文英文的，都如飢如渴地、囫圇吞棗般吞下去。不論是屠格涅夫的小說、狄更斯的小說、老舍的小說，或莎士比亞的戲劇、曹禺的戲劇……我都一天一本地進軍。一般世界文學名著，都在中學時代看過。雖然不免犯了不求甚解之過，然而閱讀的基礎也就這樣奠下了，中、英文的基礎也就這樣奠下了，而對人生的領悟，更產生不少啟發作用。在眾學子都怨聲載道地埋怨本地填鴨式教育，我和我的同學們卻能回味一段輕鬆愉快、富於創作性的中學生活，這功勞是屬於這位富於創作性的校長，和她領導下的學校風氣。我們的會考成績可能及不上別人的卓越，但我們肯定比別人學了更多做人的道理和生活的藝術。

我們的學校大概是本地最早設立學生自治會的中學之一，這又是校長的智慧。她不願意訓練出一批只會接受命令的「奴才」；相反地，她希望我們中學畢業的時候，每個人都能夠獨立地作決定，有條理地做事情，也懂得如何尊重他人，與人愉快地合作。

「學生會」的會長、副會長、文書、司庫、各部部長及職員，都由同學們自己選出。每年學生會就職典禮都是神聖的一刻。同學們尊重自己的職權，校長也尊重同學的職權。校長是名副其實的顧問，可從不是那種牽着引線的傀儡戲班主。學生會的操練，對於我日後在社會做事，可真是奠下有力的根基呢。

校長是一個獨身女人，學校就是她的家，老師同學們就是她的家人。校長住的地方也是我們的家。在我的回憶中，羅便臣道八十號是一幢充滿神祕感的歡樂的房子。那是倫敦差會給宣教士住的。古舊的三層樓的房子，分成好幾個單位，住着校長和好幾位外地來的老師。寬敞的走廊環繞房子的三面，夏日總垂着竹簾，清風徐來，涼風滲透人心。房子裏的擺設是古舊的英國式的，就像那些英文小説描述的一樣。沒有奢華的傢具，可是一切都經過精心的佈置。籐織的椅子、茶几，纖細的中國刺繡桌布、墊子，火爐頭上的古董和從各地來的小擺設，一切一切都是透着素淨、典雅的美。那是一個理想的天地，當我們厭煩了家中的雜亂和嘈吵，我們就躲到這小説世界來。雖只是暫時的擁有，也能帶給我們很大的滿足感。

校長的節儉是出了名的。她從不會浪費一張紙，丟掉一件廢物。在她看來，每一件「廢物」都有用處。她經年累月都只是換着幾件衣服，一件衣服舊了，改一改變成裏面的襯裙，襯裙也磨破了，用來當抹布。或有人譏諷校長「吝嗇」，卻忘了她曾在香港淪陷期間，給日本軍隊關到集中營，過了四年非人生活。在集中營裏，一個星期也難得嚐到一片薄薄的肉，一件衣服要穿到破為止。這又豈是我們這些未經過戰亂之輩所能體會的？

校長自奉最儉，但對於家境清貧的學生，及社會貧苦大眾，卻在行動上表現慷慨的同情心。據一些接近校長的人透露，她的收入大部分都為助學金或其他有需要的人獻出。

校長在二十多歲的英年，就加入倫敦差會，離鄉別井，獻身宣教工作。她希望透過學校教育，帶領同學們認識耶穌基督。她的宗旨是要提高中國女子教育，培養她們成為有見識的時代女性，有犧牲精神的耶穌的門徒。校長很少拉長臉孔向學生說教，但她的生活行動處處流露基督的榜樣；幾十年來，多少老師和同學，本來對基督的福音完全陌生的，卻因此受到感召而皈依基督。在我個人追求信仰的歷程中，校長和幾位倫敦差會的老師，都留下可尋的痕跡。

我最後一次見校長，是在她退休返國以後。那年夏天我到英國探親和養病，心裏緊緊惦念着到鄉下去拜訪校長，順便品嚐一下英國鄉村的生活。我住在校長家，過了兩天謐寧的隱居生活。校長和長姊住在一起，兩老人家閒來理園藝。除了種花，還種了馬鈴薯、豆子、青菜，從鏟草、除蟲、澆灌，一切親力親為。用過中午的「正餐」，她倆就在園子裏待好幾個小時，下午她們把下午茶端到後園去，讓我享受午後仍然絢爛的陽光。晚上八、九點是「點心」時間，校長端出她那些平常不大用的上好瓷器、銀器，放在小巧的茶几上，讓我舒舒服服地跌坐在又大又厚的古老沙發上，於是她開始翻閱那一疊一疊的照相簿，我們一起愉悦地重溫舊日的趣事。

這種鄉村生活對需要養病的我不啻一服良藥；然而對獻身教育四十年的校長，我知道她並不喜歡退休。她最不習慣做家事，如今在把持家務的長姊面前，顯得像個不懂事的小女孩；看着她顫巍巍地拿起茶壺倒茶，手不斷在抖，又不斷為自己的笨手拙腳道歉，我不禁感觸萬端。

校長一向疼愛我，如今見我遠迢迢到英國鄉下看她，便倍覺親熱。臨別殷殷囑咐要我保重，並且對我還是寄予很大期望。她親自送我到火車站，擁抱而別，一向堅強的校長，這時眼睛都潮濕了。那是我最後一次見校長——也是我第一次窺見她柔弱的一面。

我赴了蕭覺真校長的追思會，偌大的教堂坐滿了她歷屆的學生。儀式簡單、莊嚴。的確，溢美之辭於她不適用，悲傷之情在這場合也不適當。我們齊聲唱出她所喜愛，也是我們以前常在早會唱的聖詩：「上帝是人千古保障，是人將來希望……」有人歌頌她為偉大的教育家，有人陳述她對香港教育的貢獻。對我來説，我痛失一位良師益友。

在青年人的生命中仍然閃耀着
性靈的光輝，
散發着未熄滅的火花。
他們不但不畏艱難，不怕犧牲，
而且渴望着 找到值得爲其犧牲的目標

青春底權利

獻給年青的朋友（一）

記得當時年紀小　我愛談天你愛笑
有一回並肩坐在桃樹下　風在林梢鳥在叫
我們不知怎樣睏着了　夢裏花兒落多少

中學時代癡迷着這首小詩——不知其所以然的。到了今天仍然為它着迷，不過已懂得怎樣欣賞它、分析它。這首詩美在它毫無矯飾的淳樸，而它的成功在於作者用的意象恰到好處，表現出這種境界。閉目想想這幅圖畫有多美：一對青梅竹馬的男女孩子（不知道為什麼我總覺得詩中的「我們」一定是個男孩子和女孩子）坐在樹林裏，不知天高地厚，他們的世界只有花落、風吹、鳥鳴。……詩最後的兩行點出了這種境界，美到極處，而「點」法是完全不着痕跡的，正如所用「春夢」的意象那樣了無痕跡。

懂得分析詩的意境固然可代表到達某一種成熟的地步，但「不知其所以然」的癡迷更是「陷入」那種境界裏面，那種體會可能是與作者的體會一致的。

青春底美就美在那股傻勁。

我從小是個「書蟲」。不過我「蛀」的不是當今莘莘學子一天到晚「死咪」的升中試習題、或中學會考課本，而是一本本厚厚的、引人入勝的文藝小說。從中國章回小說，到西洋翻譯名著，我一天一本地囫圇吞棗般吞下去。我的一個好友住的是一幢三層樓的古老寬敞的房子，家中藏書萬卷，有好幾年我一半的時間是消磨在她家的閣樓上的。那是我的迷宮、我的寶庫。我唸的學校注重學生整體的自由發展，功課上沒有壓力，就是到了應付中學會考、大學入學試的時候我也沒有放棄我閱讀課外書的習慣。況且那個時候電視在香港還沒有發展到今天這個地步，一般同學除了電影以外，就是陶醉在書本的天地裏。（老實說，文學作品給我們開拓的境界要比本地的電視節目高級多了。）我的時間在幾千、幾萬頁紙中滑過去；我從來沒有停下來計算，我有的是時間，我有的是精力，我有的是傻勁，因為我有的是青春。

十幾歲的時候多麼地奔放，多麼地瀟灑。我們不但不會為雨天哀歎，不會顧慮下雨出門的麻煩，而且還要故意在大雨滂沱中，穿上雨衣，戴上雨帽，套上雨靴，打了一把大雨傘，到外邊兒「散步」去。雨中散步，樂趣盎然。大滴的雨點在周圍肆意降下，也打在我的雨傘上，可是我躲在傘下怡然自得地享受我的「安全感」。腳下都是水，可是我還故意把套上雨靴的雙腳往積了幾吋水的低窪之處踏過去，濺起了水漿，便格外得意。

記得一個假日的上午，我和三個同學在半山的小徑上徜徉，誰也沒有計畫那天要做什麼。忽然一個同學瞧見山徑旁一條粗大的水管，看樣子很可能是直通到太平山頂上去的，我們誰也沒有走過那條路上山頂去，也不曉得到底那條路會不會到山頂（事實上也沒有路，只是安放水管時在巖石草叢中開出來的崎嶇陡峭的山徑。）可是管它呢？我們四個女孩子一股腦兒攀上水管，繞着巖石，繞着草叢，衝上去了。中途驚險百出，好幾處又陡又滑的地方，我們簡直要像野獸一般，動用四肢在地上爬，才能跨越過去。可是沒有一個人埋怨，也沒有一個人停下來哭泣，我們抱着不到山頂不罷休的決心，我們表現了不屈不撓的毅力，我們也發揮了守望相助的精神，終於抵達了山頂。我們汗流浹背，衣服全沾了泥巴，手腳都被割破了，可是管它呢？我們這「探險隊」成功了！到今天我們老同學碰在一起仍津津樂道那次爬水管的經驗。

剛出來社會做事，一羣男女同事住在政府供應的宿舍裏，離市區比較遠。那時候我們年紀都很輕，也很有朝氣，很有幹勁。上級給我們不少無理的壓力，但我們在對工作的獻身中找到了超然的自由和生活的意義。我們做事很認真，也玩得很瘋。是一個初夏的黃昏吧，大夥兒吃過晚飯便到屋後一個小山去看晚霞。不曉得誰先哼起一個小調，接着大家都唱起歌來，一闋又一闋，中文的、英文的、古典的、現代的、只要我們能記起來的歌曲都唱盡了，而晚霞也燃盡，暮靄下降，黃昏的第一顆星催促我們下山。歸程中餘興未盡，而叫人傷感；美麗的黃昏要結束了，我們開始唱起驪歌，把所有離別、再會的歌，甚至催眠曲都唱完了，當男同事把女同事送回她們的宿舍（不過就在隔壁），我記得他們最後唱的一首歌是"Good-night, Ladies!"

這樣的事情只發生過一次。（事實上人生最美，最傻的事是不容許重複的。）現在想起來那種傻勁太可笑，也太可愛了。這就是青春底權利吧。

我曉得現在的年輕人比我們以前懂事、精明、也世故多了。「兒童不宜看」的電影、電視使他們從少就懂得了很多大人的祕密；大眾傳播媒介高速度的發展促使我們的少年太早熟。他們遂不再有小詩中「不知怎樣睏着了」的幸福，在他們的夢中也不再有桃花瓣兒的出現。小學會考、中學會考、大學聯考、留學試、「托福」試，把他們的時間、精力消磨殆盡，把他們的青春也剝削了。更可怕的是青少年犯罪率的增加、青少年吸毒率的增加，似乎罪惡、海洛英真能夠把這一代的青年摧毀。

然而，我仍要肯定的是：儘管時代如何變遷，社會的壓力如何沉重，上帝所賦予我們人生最美的那段時期仍會發出它的異彩。

不管這一代的年輕人變得多麼早衰、多麼世故，青春獨特的潛力仍在他們體內躍動。哪個男孩女孩不曾在有星之夜躺在地上仰視星星，把埋在心底的願望向它們私語；或在有月之夜泛舟水上，在粼粼的波光中忘卻自己!?冬天過去，大地回春的時候，是誰先感染了「春之熱潮」蠢蠢欲動？新的節奏、新的舞步，最先感染的是誰？「貓王」皮禮士利重新風靡音樂界，在演唱會中唱得聲嘶力竭，是誰遞上噴了香水的手絹兒讓他擦汗？是誰跳起來鼓紅了手掌給他加油？又是誰在台下啜泣!?甚至標榜頹廢的「嬉皮士」所真正標榜的，其實不就是年輕人的抗議嗎——厭倦現代物質文明對個人所加上的桎梏而提出的抗議？

年輕人不能忍受醜惡和虛偽，他們是不自覺的唯美主義者和理想主義者。他們需要愛，而且要愛得熾烈。他們不斷在追求，追求一些他們說不出來的東西，而且衝着一股傻勁去追求；因此很容易接受別人告訴他們是「真理」，或能「實現自我」的東西——不管是納粹主義、法西斯主義、馬克思主義；或是迷幻藥、海洛英……

誰說「年輕人不需要信仰，那是老年人的東西」!?

年輕人有權利認識真理，因為他們渴求真理。他們會以全部的熱情去愛真理。在他們未變得庸俗以前，在他們未變得世故以前，在他們未失去熱情以前，為他們誠摯地祝禱，引導他們認識那位唯一值得委身的信仰對象，讓他們獻出青春、他們最美的時光、最純真的感情、最熾烈的愛。

理想與現實

選自——剖視（二・失落的性靈）

A君從小酷愛文學，還不到十歲已把《水滸傳》、《三國演義》、《西遊記》等等囫圇吞棗地唸完。初中時代他真是逢書必唸：從《儒林外史》、《鏡花緣》、《紅樓夢》等較早一代的小説，到五四新文學運動前後的作品，再加上翻譯的西洋文學。他崇拜魯迅的思想和蒼勁的文章；他欣賞老舍的幽默；徐志摩浪漫的詩句在他早熟的心靈裏掀起一片漣漪。兩天內他把大仲馬長達四集的《基度山恩仇記》唸完，那離奇曲折的情節迷住了他，使他幾到廢寢忘食的地步。小仲馬的《茶花女》、歌德的《少年維特的煩惱》、屠格涅夫的《貴族之家》、史托姆的《茵夢湖》所引起的又是另一種情感：這十四、五歲的少年所感到的一種莫名的憂鬱。也許影響他最深的還是羅曼羅蘭的《約翰・克利斯朵夫》；英雄主義、理想主義漸漸在他裏面成形。

升高中以後，他的思想漸趨成熟。他開始唸一些文學史和評論的書籍，漸漸對中外各時代、各派別的文學有一個觀念。他的注意力、他的欣賞力更向詩詞方面發展；從《詩經》、楚辭、漢賦，到魏晉南北朝的田園詩；從盛唐律絕新體詩，到晚唐、五代的《花間詩》，到宋詞的高峯。他的國文老師是一位傑出的老師，早就看出了這少年對文學的傾向，因而給他不少鼓勵。

高中三年，他的國文成績是超水準的。老師一次向他熱誠地透露，他是他任教以來國文成績最傑出的學生。在同輩中，他又贏得「天才作家」的盛譽。他的文章常常出現在學生周報上；他寫的詩被友人搶着傳閱。

高中畢業，老師同學都以為他一定入大學中文系的。然而他卻入了化學工程系。同學們眩惑，國文老師痛心……

他覺得沒有向人解釋的需要。他自己也經過一番掙扎。可是他了解時代與社會的壓力，家庭的壓力，本身理想與現實的衝突。他為自己的抉擇辯護：他想他國文基礎足夠有餘，一面唸化學工程，一面仍可選修人文學；他的家庭環境複雜，感到對家人有責任；他感到社會的壓力，必須面對現實，使自己有立足的餘地。

有時候他覺得自己是一個懦夫，因為他向現實低頭，沒有勇氣堅持自己的理想。筆記簿上抄錄了羅曼羅蘭和屠格涅夫的句子彷彿冷眼凝視他：「生活是艱苦的，它在那些不甘於靈魂平庸的人每日是一種戰鬥。」「讓陽光照耀別人吧。在我們陰暗的生活中有着我們自己的幸福和驕傲。」

在大學裏他的化學唸得不差，可是他的思潮往往翺遊在實驗室外。幾次為了苦思一句更美的詩句他被化學燃料灼傷了手。

在化學工程以外他修了一科哲學和一科中國文學。兩科的教授都是嚴肅的學者，他們都是他靈感的泉源。他察覺自己的思想到了漸漸成形的階段。在哲學上他肯定了老莊逍遙哲學的超越；在文學上他傾向於陶潛的抒情、袁宏道的灑脱。簡括來說：他傾向於那「獨抒性靈，不拘格套」的風格。

他曉得他的個性不適合實驗性的科學，不適合功利主義的社會風尚。然而他繼續在化學工程系唸下去，到了大學二年級，為了課程加緊，他必須停修哲學和文學。

大學畢業了，他也像別人一樣申請到美國去留學，可是因為英文考試不合格沒得批准。經過一年苦修英文，第二年再申請的時候他獲錄取了。

他到了美國，繼續進修化學工程，因為英文根柢差，吃盡了許多苦頭。同班的同學在兩年內便取了碩士、有些本領強的三年半內便取了博士，而他苦攻了三年才修完碩士。他自忖科學頭腦並不比人家弱，只因他的心一直沒放在科學上；又因英文程度低，結果吃了很多虧。再加上經濟的困難，他決定暫時停止唸書，找份工作。

似乎他運氣特別壞，碰了很多釘子才找到一份工作，做起事來更發現英文不及人家的苦處。每逢要寫報告便有如「啞子吃黃蓮，有苦說不出。」這時候他後悔以前唸小說的時間也許應該花在攻英文文法，寫詩的時間應該花在英文作文上。在美國這高度機械化、高度競爭的社會裏，他必須忘掉「獨抒性靈」那一套，他決定要變得「現實」。

他不但許久沒有寫詩、許久沒有寫純文藝的文章，漸漸地，他發覺連寫信給朋友也失去興趣。漸漸地，他發覺寫家書也愈來愈短，愈來愈公式化。漸漸地，他發覺也許X+Y=Z是最高的表達方式。

他的事業比較穩定了，可是他的心靈很空虛，他的朋友們多已成家立室，享受家庭的樂趣，另一羣仍是獨身的朋友每勸誘他上賭場，可是他卻又引不起興趣。結果他買了一部車子——逢有假期便從密歇根駕車到紐約，或從紐約駕車到佛羅里達，或從佛羅里達駕車到加州。總而言之，他不敢停下來。他不能忍受停下來的片刻。

一次他認識了一個女孩子。有一個機會他們談起話來，他曉得她是一個基督徒，可是他覺得她「不像」基督徒。她沒有勸他去禮拜堂，沒有勉強他唸《聖經》，沒有跟他談天堂、地獄。他們談中國哲學——原來她也看重老莊的哲學。他們談西洋哲學——原來她也輕視美國的實用主義。他們談文學——原來她也熱愛史托姆、屠格涅夫、羅曼羅蘭。

不知怎的，他們很自然地談起神學來。他對神學的派別則是不通，但那女子驚訝地發現他們都在許多基本的理論上有同一的透視。例如說他們都理解到「自由」與「限定」不是相反而是相對的；兩者並不衝突。他們談得很興奮，很投機。

他們談到「永恒」與「暫時」。女孩子指出了他們的分歧點：他不相信任何事物有絕對永恒的價值；而她相信。他嘴角露出一線諷刺的微笑：「我看出你是一個理想主義者；可是你還沒有真正體驗到現實。」

「你怎知道？」女孩子給他銳利的一瞥，然後轉過頭去，輕輕地說下去：「你對我的過去還沒有一點認識呢。」

女孩子繼續喟然地指出這世紀的悲哀在人性的機械化，在性靈的失落。

她說這時代很少人還相信絕對的事物和價值，很少人願意為他們所相信的把生命絕對的獻出。

他口裏仍說着：「你太理想化了。」可是他突然發覺他的心底燃燒起來。他一向以為基督徒是功利主義者——因此他輕視他們。他一向覺得基督徒都是思想狹隘、浮淺的——因此他從沒耐煩跟他們談話。也許，突然他想，他有許多偏見。

突然他渴望重新燃亮裏面許久以來已熄滅的火。突然他悟到也許他需要一種燃料——能保持火光不滅的燃料。

小學程度的信仰

選自——剖視（一．不平衡的現象）

X君在小學四年級的時候隨着鄰居的小朋友參加一個兒童佈道會。一位高個兒的年輕人出來領孩子們唱詩。他的聲音嘹亮雄壯，他的指揮活潑有力，孩子們都唱得很起勁。X也跟着大家唱得很起勁。他喜歡唱那首「迷路的羊，回轉吧！」他不明白歌詞的意義，他不明白為什麼那位先生説他們都像迷途的羊，可是他想，做一頭小羊也不壞，有着軟綿綿的毛，又不用做功課，整天只是吃、睡和玩耍。唱詩完畢，一位年輕的女士給孩子們講故事，講的是一百隻羊中走失了一隻，牧人去尋羊的故事。她的聲音柔和動聽，她的笑容十分可愛；況且她又拿出七彩的圖片貼在黑板上，孩子們的注意力都給她吸住了。當她講到牧人沿着山崖下去尋羊，皮膚被荊棘刺破而流血，X的眼睛潮濕了。最後當女士解釋牧人就是耶穌，犧牲祂的生命為要拯救如同羊走迷了路的罪人，X深深地受到感動。女士誠懇地問小朋友願不願意接受耶穌的愛，歸入祂羊欄的時候，大半的小朋友都舉起手來。X也舉起手來。

以後X參加了主日學，漸漸地多明白一點救恩的道理，也學會了許多聖經故事，包括《新約》裏耶穌的神蹟、及《舊約》裏摩西、大衛等偉人的事蹟。每次主日學他從不缺席，因此翌年獲得了一本《聖經》。這個硬皮而厚厚的書成了他的寶貝，可是他很少閱讀它，因為裏面的字句和意思都太深奧。

他寧願聽老師講裏面的故事。

升上初中第一、二年，他仍然參加主日學。然而漸漸地因功課緊湊，他開始常常缺席。他父母親是不信主的，以功課為大前提，漸漸禁止他參加太多教會的活動。那時候他已領了洗，為着表示對信仰的堅貞，仍去做禮拜。可是升上高中後，功課實在壓得太重，碰着考試，便只有把做禮拜的時間也利用了。況且他的思想漸漸擴展，多唸了科學，唸了赫胥黎、羅素等抨擊宗教的書，開始對信仰有點動搖，最大的問題還是他根本沒有時間去思想太多屬靈的事。他跟同輩的年輕人都向同一目標邁進：努力考最優異的成績，躋入最高的學府，然後再放洋留學。一方面是他們都有進取心；另一方面環境使然，適者生存的原則早在他們稚嫩的心靈下了種。

X果然不負眾望，取得了萬人欽羨的學位。正如所有他同輩中有志氣、有天才的男兒，他在大學裏唸的是理科——物理。在大學裏的幾年，出洋留學的志願——這等於要唸到突出的成績——佔據了他全部的時間和心思。

一切正如他夢想的：他獲取普林斯頓研究的助學金，順利地辦妥出國的手續。四年內他拿了核子能物理的博士學位。

為了表示他感激神的恩典，在美國留學幾年中，他有時也到教堂做禮拜。可是為了語言的問題，他對人文學沒有太多的研究，對神學也完全沒有認識，他往往對普林斯頓校園的教會的講道感到茫然。他聽到許多陌生的名字：祈克果（Kierkegaard）、田立克（Tillich）、羅伯辛（Robinson）等等。他對他們的學說一竅不通。他又聽到很多新學派的名稱：存在主義、新正教主義等等。他對這些也是模糊不清。他不能分辨他所參加的教會，他所聽到的講員的信仰是怎樣的，因為他對神的屬性、基督的神性和人性，基督教對罪、對贖罪等道理沒有深入的認識。他從不跟別人提及信仰問題。他只是下意識地感到他所知道的一點點聖經故事似乎太幼稚。

這位研究核子能物理的中國科學家，對基督教真理的認識一直停在初中程度，或小學四年級的程度。他屬靈生命的成長跟他成熟的智力完全失去平衡。

後來他參加了一間中國教會，會友從文盲的老太太，操着洋涇濱英語的洗衣店老板，到像他那般學問高深的博士都有。牧師的講道倒有點像他小學、中學時代所聽的，頗平白淺易。他加入了這教會作會友，每星期從他的研究所出來坐在教堂裏做禮拜，忠心地按期奉獻他的金錢，甚至在教會裏擔任一點職務。他並不完全滿意他的信仰，可是亦不願花太多心思去思想這方面，因為宗教是他整個生活一部分而已。

這位研究核子能物理的中國科學家，他對基督的認識始終停留在情感化的地步，他從來沒有在意志上把自己的生命奉獻給基督，因為他從來沒有真正了解作基督徒的意義。他屬靈的知識和經驗始終停留在小學階段。

願盡獻所有……？

選自——剖視（三．神學生的矛盾）

「不要再延遲、再躊躇了。」講道者緩慢、有彈性的聲音在靜穆的空氣中盪漾。「試想主在十字架上為你犧牲一切，你怎能吝嗇你的生命？試想千萬生靈在絕望中沉淪，你怎能不伸出援手？看，你旁邊的弟兄都站起來了，這壯烈的隊伍等待着你加入它的行列，難道你就真的甘心作一個冷眼旁觀者？」

風琴低低地奏着「願盡獻所有」，那柔和的聲音扣人心弦，一個接一個的青年俯着首離開了他們的座位走到壇前。

「最後的邀請——」講道者每一個字都帶着很重的分量。「今天晚上若神的愛感動你，你願意奉獻作傳道，請現在就走到壇前。這是最後的機會了……」

他的心彷彿要爆裂，他再忍受不了這情感的壓力。淚盈於睫，他默默地走到壇前。

那是夏令會最後的一個晚上。那一年他剛唸完高二。前一年的夏令會中他接受了基督。

高三那一年猶如生活在大海中的一小舟，怒湧的波濤從裏面、外面向他侵襲。父母親不斷盤問他對前途有什麼打算。同學們的話題都集中於升學或就業。

他沉默着。外來的波浪還容易抵擋，裏面的暗湧叫他忍受不了。獻身作傳道？這是一個嚴重的決定，他怎能確知這是神對他的旨意？他怎能確知他是否合適？

他並非不願付代價。他曉得每個基督徒的生命都不再屬自己，他曉得每個基督徒都應是一個傳道人，然而他想更清楚地找出他的生命在那永恒的圖案中佔哪一個位置。

可憐一個僅十七歲的大孩子！

他去訪問一位屬靈的長者，請教他的意見。長者問他奉獻的經過，他簡單道出。

「既然那一天晚上神的靈感動了你，你作了這樣的決定，那便不應再躊躇了。」長者嚴肅地說：「千萬不要讓撒但和世界動搖了你起初的愛心。」

他回到家裏跪着痛哭。夏令會最後一天晚上的情景烙在他的回憶中。

「況且，」他想，「況且大家都曉得我曾走到壇前，他們會說我改變初衷，他們會說我退後，他們會說我失去起初的愛心。」

「讓人家進大學吧，讓人家進工專、師範學院吧，我——」他作了決定。

他鼓起勇氣告訴雙親他要進神學院。母親的眼淚、父親的怒氣、親戚的冷諷、同學的訝異……波濤、洶湧的波濤四面向他侵襲，然而他都默然忍受了，還在眼淚中發出殉道者的微笑。

一個十七歲的少年是滿有鬥志的。

神學院五年的生涯把他的鬥志磨了一半，他才發現原來神學院的門牆內並非聖城，原來神學院的門牆內也有妒忌、分派、爭權、奪利。

黑暗，無邊的黑暗把他包起來，神學院內的黑暗是難以抵受的。

幸而還有數位令他敬佩的教授，還有一些與他一同掙扎的同學。漸漸他略認清了現實。現實並非光是黑或光是白的。

五年瞬間過去了，他再次面臨五年前經過的關頭。原來神學院畢業並非等於光榮犧牲的開始——或盡頭。不錯，大家都談着周圍的需要，禾稼的成熟，工人的缺乏；然而將畢業的神學生仍是一樣的徬徨。二十二歲的他了解到人生的複雜，開始不滿意那些把人生公式化了的論調。

一位教授鼓勵他繼續深造——到美國去。立刻他遭遇到難題。美國的神學院（Seminary），跟這邊制度不同，只收大學畢業生。他只能先入一間聖經學院（Bible College），取了學位才行。

他順利地被一間聖經學院取錄，且拿了一份助學金，滿懷熱望地首途赴美。臨行前還在歡送會中講了一篇動人的見證。

然而開課不久他便到處碰壁。首先在語言方面十分吃虧。許多聖經科目都是重複的，可是用英文重複卻是另一回事。其次，要拿文科學位，除了聖經科目還有很多其他的必修科，如哲學、文學等，中文學校畢業的他唸起這些科目來頗不容易。本以為一年內可取學位，可是第一個學期便有兩科不及格。中學時代他一直都是理科唸得好，文科有困難，現在用英文唸文科更是叫苦連天。

經濟上也有問題。助學金本就不夠，況且依成績而定。他身體素弱，跟美國學生比起來更不及。課餘做工便沒有精神唸書，可是不做工卻不夠經費。

許多次他坐下來發呆，想不明白為什麼神要他經歷這些難處。他連寫信給團契裏的「弟兄姊妹」也提不起勁，因為他感到沒有「得勝」的見證向他們述說，若盡向他們訴苦，他們一定說他靈性有問題。

雖在困難重重中，到底他也在兩年後完成了他的學業，按原定計劃申請入神學院。然而在神學院裏他碰到的問題更是屬「啞子吃黃蓮」那一類。以前他沒想到神學，雖超越於人文學（the humanities），卻是接近人文學，尤接近哲學與文學，而這兩門都非他的興趣和所長。神學院所要求學生語文的程度，更非他蹩腳的英文所及的。況且以前他就學的神學院跟現在的神學院在程度上也有很大的分別。

唸了兩個月他便心灰意冷，對所唸的不但沒有興趣，還存了恐懼的心理，心想這個B.D.是拿不成的了，來美深造的目的竟全是白費，哪有面目回去見「弟兄姊妹」們？

「他們不了解的。」他不斷想。

這樣一來他跟神的關係也大受影響。可是在外表上他還得竭力遮掩。在美國碰到很多以前中學的同學，不少人已取得碩士學位，一兩個還利害，快將取博士學位。

「要是我也唸理科，我也是準博士了。」有時他禁不住恨恨的想，接着又後悔不應妒羨人家。

有時候他不禁懷疑到底是不是神的旨意要他唸神學，要他到美國來，他悟到一個十六、七歲的孩子所作的決定不一定真能是永久的決定；他悟到每個人對自己、對人生、對神的認識都須經過發展而成熟；他亦悟到他奉獻作傳道的經過純粹是情感性的，而沒有經過理智和意志的考驗。

許多時候他很想鼓起勇氣把這些說出來，可是他總是想：「他們不會了解的。」

一個學期後他接到家裏的來信：父親生意失敗，令他停學找事情做，寄錢回去幫補家用。心力交疲，他停學了。還到另一城市去，找到一份工作。他開始躲避基督徒的朋友，他怕聽人家說「神學生貪愛世界而改行」的話。

「他們不會了解的。」他總是想。

曉得你當走的路

選自——書信（第一組・十五・致醫學院同學）

「你們不能又事奉神，又事奉瑪門。」（〈馬太福音〉六：24）

九月裏一個日子，我躺在香港一間醫院的病牀上，心裏又沉重、又難過；卻不是為了自己。由於置身於這間醫院及知道了一些事實引起我很深的感觸，使得易感的我激動着，胸際翻騰不已。

這是一間基督教醫院，是西方差會創辦的。由於它辦得成績不錯，近年來已成為政府津貼的醫院，醫生護士等的薪津及醫院許多的開支都由政府付錢。這醫院開辦的目的很簡單，有兩個：一是為罹病的一般平民，尤其是貧苦大眾服務，二是藉着醫療服務向人們傳出基督救世的福音。

我為着創辦者的熱忱深深感動，我也不懷疑承繼者對原來目標的忠貞，可是我腦子裏打着一個大問號：今天在這間抱着如此崇高的理想而立的醫院裏，有多少工作人員是「誠實」地為着它的理想而獻出他們的努力？也許就是院長吧：二十多年前當他還是一個從醫學院畢業不久的年輕小伙子，他就遠涉重洋離鄉背井來到這個有着濃厚的異國情調的小島獻身醫院的工作，直到後來負起院長的重任。他——假如當年的異象沒有褪色的話——可能真的為着宣揚基督的愛，為着服務人羣而天天傷透了腦筋。也許是那位護士長吧：她勤勞地把持着醫院的「家務」，訓練、管理着一羣羣「紅衣」、「綠衣」、「白衣」的女孩子們，冀望她們真能成為病人的「天使」，她又計畫、安排着病人的福音聚會，她作這一切可能真的為着愛耶穌基督的緣故。也許還有其他的工作人員，尤其是那些一年級的護士學生，她們當中不少是基督徒，她們是那樣純潔，那樣可愛，個個湧流着滿腔熱血。

然而我特別想到那些醫生們——院裏頂尖兒的人物。假如醫院只有院長——縱使院長是個好醫生，他也顧不了那麼多病人啊——只有護士長、只有那些玫瑰色臉頰的「天使」們，那麼醫院只好關門了。醫院最需要醫生們，尤其是學識、才幹、經驗、品格都是一流的醫生們！一家已頗具規模的醫院更需要大量這樣的醫生們！我們切盼有一流的基督教醫院、一流的基督徒醫生！

我特別想到醫生們，因為他們的試探比別人來得利害。似乎很少醫生（最低限度在香港社會）以終身在醫院服務為目的，醫院的日子只是過渡時期，醫院只是「跳槽」之前必經之地。當然啦，醫院的工作既繁重，而酬勞比起私人「營業」則又相距太遠。護士、醫技人員可能「跳槽」的機會與範圍不大，因此他們的試探也比較少。他們最「墮落」的地步也不過成為麻木而已，然而醫生從考進醫學院的一剎那，就成為撒但攻擊的對象，因為他是天之驕子。他是父母、親人的盼望，女朋友選擇的對象，是大學的王子，社會的寵兒。他一身集中了上帝許多的恩賜，自己本人也須付上不少代價。那些熬夜啃書的晚上，硬塞進那許多又長又臭的醫學名詞——誰說他不值得賺回他所付出的代價？實習的時期，誠惶誠恐受盡多少委曲、看盡多少臉色，甚至連小護士也來捉弄他一下——誰說他不應該有一天威風起來，神氣一番？就算自己為人淡泊，可是父母花在他身上的錢是要「報答」的；就算自己為人瀟灑，可是妻子要的是「安全感」，當同屆同學都已成為「名醫」，自己吞得下那口被指為「沒出息」低能的烏氣嗎？就說我所躺着的這家醫院吧，醫生當中是基督徒的也不少，可是究竟有幾位工作的宗旨與該院創辦的宗旨完全一致呢？假如有些曾經抱着這樣的動機來工作，又有多少能持久呢？

——這只是一份工作，一個過渡時期。

——儘管所獲的薪酬足以過相當優裕的生活，可是與工作的分量及時間相比太不值了。況且自己開業就可以有更多的錢為主奉獻，支持傳福音的工作。為什麼放棄機會，自甘糟蹋？

在香港的社會，「醫生」所代表的是一種「地位」——須得在亞歷山大大廈設個「辦公室」，才能漸漸躋身於「名醫」的地位。那少數幾位最巔峯的名醫，一次的診費（光是診症，不包括針藥費）是港幣二百元。這數字代表的是超過它金錢的價值的。它更含有「醫學上的價值」——而這是使每個醫生的心悸動的。

生活是現實的。社會的價值觀念也是現實的。何必再回顧年輕時代的熱情與理想？每個年輕人都經過那種階段。那也是好的：年青的脈搏總該跳動得快一點，年輕的心靈總該柔軟敏銳一點。然而神沒有呼召每一個人都作missionary doctor啊。——

我躺在病牀上，胸際翻騰不已。我想起以前我所認識的唸醫科的弟兄姊妹，我也想起現在我所認識正在醫學院的更年輕的一輩——這篇文章的對象。我耳邊彷彿響着那些挑戰性的宣告，那些能使人心靈爆炸的交通，那些令人感極泣下的禱告。……然後盡量在事實中搜索，要找出一兩個為主有所犧牲的例子，一兩個為着受苦的羣眾獻上自己的例子，一兩個為着忠於更高的原則而超脱時下的社會價值的例子——我卻交了白卷。

假如主耶穌沒有呼召我們作祂的門徒，背上十字架跟隨祂，假如祂沒有叮嚀吩咐我們把福音傳到普天下，傳給每一個受害者，那也就罷了。那許多曾經的奉獻不過是年輕心裏的迴響、大學團契的內容。然而主耶穌若已經説了，那祂就要從我們的行動來判斷我們。

其實不要説到對耶穌基督的奉獻，我們往往連一般人道主義者的理想都達不到。似乎那些「為人羣服務」之類的字眼只出現於漂亮的演説詞及騙人的文章中。我們中國人真是一個「四平八穩」的民族，我們會聽到西方的青年人去做「冒險」的事，我們也會欣賞他們，可是我們都不會有那種「傻勁」。

其實奉獻不一定要到非洲荒僻的村落去做missionary doctor，就在我們人口稠密的城市，或在較缺乏的小鎮，就有着成萬的人需要我們。奉獻的醫生也不一定要直接負起傳福音的責任，在那些掛起了「傳福音」的牌子的醫院裏，病人們會鑑別那些醫術高明、忠於職守而又真正有愛心的醫生們。

奉獻的範圍也絕不限於醫院的圍牆。我絕無意貶低基督徒醫生私人開業的價值。但當主耶穌說：「你們不能又事奉神，又事奉瑪門。」（瑪門即財利的意思），祂深悉我們將受的試探，預先給我們釐定了原則。

還有一個原則也許可以給我們當中有大志的青年人參考，那就是「剛果之光」的卡遜．保羅醫生給他自己定下的原則：「我在非洲，知道自己如不在那裏，則所作的那些事就沒有人做。在此地（美國），我知道我現在作的事許多人都能作。」

親愛的同學：當你唸完了這篇文章，不要馬上過於激動（在你們的年紀，易受感動已經不真是一種德行），冷靜地把它摺起來，夾進日記簿裏。到你三十歲的時候，再把它拿出來。假如那時候你還會被它激動，也許你就曉得你當走的路是什麼。

目前，好好地唸吧。不要太多提到史懷哲的名字。（在醫學院的刊物裏看到太多寫史懷哲的詩文，會使我有噁心的感覺。）世界將永遠只有一個史懷哲，可是神的國度仍不斷需要無數的醫生、護士、藥劑師、醫術人員去為它效忠。

編者按：估計寫作年份一九七零年，後刊於《校園》雜誌二十二卷第二期（一九八零年）。

奉獻底祭壇

獻給年青的朋友（二）

今日千千萬萬的西歐青年轉向馬克思
去找尋指導、靈感、和方向。
突然之間在西歐年輕的一代中間，
馬克思變成了最有權威的哲學家。
今日年輕的一代渴望着要犧牲，
他們渴望着有歸屬感，
而在馬克思主義裏面有一種明確的歸屬感。
——摘自《時代週刊》七三·五·七

人是很奇怪的動物：一方面他有物質上及本能上的需求、慾望要得到的滿足，可是當這些物質的需求及本能的慾望得到解決，他卻也並不就此真的滿足。在他心靈的深處永遠有一個空檔。他一直不斷地在尋找、追求另一些東西。

自從有歷史以來，人類就需要奉獻底祭壇。而在年輕人身上我們最能夠看到人本來的真象——沒有經過壓抑、沒有世故化、沒有掩飾、沒有遲鈍、沒有麻木以前的真象。

在今年五月七日出刊的《時代週刊》的封面，那已經逝世九十年的馬克思又出現了。寫封面故事的作者以好幾頁的篇幅，描述馬克思主義在西歐——特別在西德、法國、意大利——「復活」的事實。

其實這也沒有什麼希奇。過去九十年來，馬克思的幽靈一直成為世界各國政治制度的威脅，同時也一直是世界各地許多青年理想的象徵。從俄國革命到現在，多少次革命、多少個運動、多少政治家的陰謀、花樣、年輕人的衝動、玩意兒，不是利用馬克思的名義進行的!?今天要是馬克思真的能夠復活，恐怕他對自己的主義都會弄得模糊不清呢。

希奇的是今天熱衷於馬克思主義的幾乎都是一些富裕資本主義國家的青年，而在那些自稱已實行了馬克思主義的共產制度國家裏面，青年又對馬克思主義反應冷淡，毫不熱心，甚至感到幻滅。（這情形不獨歐洲為然，在亞洲也是一樣。）這可說是對馬克思最大的諷刺吧。

儘管會有成千上萬的青年高舉馬克思的肖像，揮動拳頭、搖旗吶喊、寫大字報等等，但真正讀完了馬氏精心的傑作"Das Kapital"的卻數不出幾個。也許正因為如此他們才會「毫無保留」地支持他吧。他們物質富裕，可是對靈性貧乏的資本主義社會感到厭倦、激憤之餘，他們便嚮往於腦海中「理想化」的共產社會。那是一個「未知數」，而人們都愛把他們的期望寄託在沒有經驗過的境界。可悲的是那些真正生活在共產社會（所謂馬克思主義實踐的過程）裏面的人，卻甚至拚着生命也要掙脱那個制度的桎梏。有思想、有創作性的人都在那個制度之下窒息，他們可憐到連揮動拳頭、搖旗吶喊的機會都沒有。當蘇聯的「修正主義」開了一小扇方便之門，被壓抑了很久的不滿就一下子全爆發開來了。從科學家到文學家到藝術家，不同的聲音發自不同的角落，都對束縛着他們的制度提出了抗議。思想更有深度之士根本就對構成這種制度的理論基礎提出質問。曾獲一九七零年諾貝爾文學獎、國際知名蘇聯作家索忍尼津（Alexander Solzhenitsyn）出生於革命之後，在馬克思主義的薰陶下長大，然而，在他沒有成為作家以前，早就對馬克思主義本身起了誠實的懷疑。今天他的著作提出的質問和抗議，成了全世界無數知識分子靈感的泉源。這跟馬克思主義「復活」又是另一個深具諷刺強烈的對比。

這裏我並不是要討論馬克思主義的內涵；我要提出的是：到底馬克思主義的風行代表了什麼？

我想一個法國評論家説得好：「馬克思強烈的影響力之所以能夠維持到今天，並不是因為他給的答案，而是因為他問的問題。」馬克思在年輕的時候，歐洲社會正經歷極大的蜕變，進入現代工業化的里程；而當機械愈來愈發達，物質文明愈來愈發豐裕，人類的心靈受到前所未有的威脅。人類發現被自己製造的機械所奴役，機械文明產生的新社會制度竟成為新桎梏，令人感到一種極其徬徨痛楚的「割離」：就是這種新制度使他與人性基本的要素割離。作為愛思想的年輕人，馬克思狂熱地去思索，而終於構造出一套革命性的理論。

一般人對馬克思的認識都是片面的，以為他倡導的只是把無產階級從資產階級的奴役中解放出來。但其實馬克思哲學裏面有一個更深入的觀念，就是要使人性本身獲得更大的自由、解放。

隨着時代巨輪的旋轉，人類物質文明直線向上發展，而人本身的困境也就愈窘了。今日年輕的一代比年輕時代的馬克思更加憤懣，而又更加徬徨、痛苦，他們已經創作不出什麼來逃脱這個困境。他們重複問着馬克思問過的問題，而他們所能作的只是高舉馬克思的肖像，揮動拳頭、搖旗吶喊。旁觀的人都知道有一天他們會幻滅的。

從一個角度來説，馬克思主義代表的就是現代人追求的一個方向，一個奉獻的祭壇。馬克思主義特別吸引年輕人，也就是説在年輕人的生命中仍然閃耀着性靈的光輝，迸發着未熄滅的火花。他們不但不畏艱難，不怕犧牲，而且渴望着找到值得為其犧牲的目標，甘願被焚燒，在火中升華，這是青春的可貴之處。

然而年輕人也往往是盲目的、衝動的、過分主觀的。最可悲又最可恥的事情莫過於利用了年輕人的熱情，而最後把他們撇下在幻滅的深淵。

馬克思曾經焚燒了自己的生命，問過許多有價值的問題，這是為什麼他能夠煽動現代人的靈感。可是我們也不得不客觀地研究馬克思所給的答案，是否真的能夠解決人類基本的問題，值得我們把生命投上。

馬克思錯估人性是他整套哲學的致命傷。他完全忽略或否定了人類社會的問題是罪惡的問題。他認為經濟的因素是決定一切的因素，只要經濟條件改變，人類、國家的命運也就會改變。時至今日，無論在資本主義或社會主義的國家裏，大家心裏都明白，改變經濟的因素絕對解決不了所有的問題。各種問題以不同的形式出現，明白的人都開始轉向人性裏面去找毛病的所在。再說馬克思那套經濟論是一個哲學家的經濟論，不是經濟學家的經濟論，尤其跟近代繁複的工業發展與經濟體系完全接不上。所有要實現馬克思主義的政府都要用極權、專制的制度去嘗試實現馬克思的「烏托邦」，馬克思努力要掙脫束縛人性的桎梏，到頭來卻只製造了另一套奴役的枷鎖。

要把生命投上，必須找到奉獻的祭壇。對這一代的青年，只有另一個名字可以跟馬克思分庭抗禮——那就是耶穌基督。祂也問過馬克思所問的一些問題，可是祂所提出的答案是截然不同的答案，因為祂完全從另一個角度去剖析人類的癥結。二千年來多少生命因着認識了祂起了革命性的改變。多少生命在深悉祂的真理以後為祂毫無保留、沒有懊悔地獻上，而這些事實已經延續了二千年，壇上的火沒有熄滅。假如耶穌基督真如祂自己所說是永恆存在的創造主、救贖主，我們不應該嚴肅地考慮祂嗎!?

儘管時代如何變遷，
社會的壓力如何沉重，
上帝所賦於我們人生最美的
那段時期仍舊會替你定的最新。

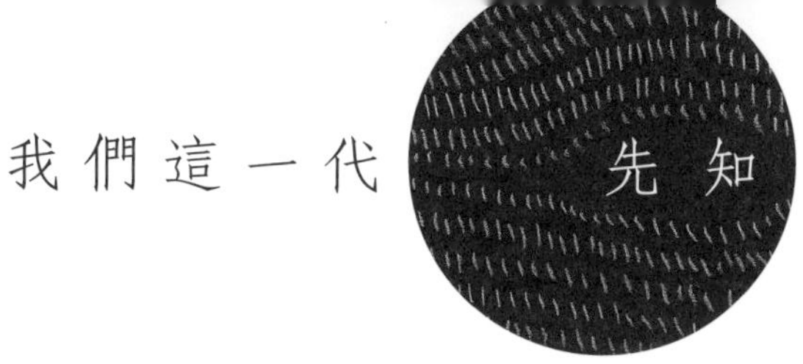
我們這一代
先知

時代與國家的命運交錯，令這一代散落世界的中國人迷失，沒有方向。

七十年代初中共展開外交攻勢，令台灣在國際上漸變孤立，掀起了瘋狂的「出國潮」，知識分子千方百計往外跑。

1971.10 聯合國大會第26屆會議，表決「恢復中華人民共和國政府在聯合國的一切合法權利」。中華人民共和國政府則依此取得原由中華民國政府擁有的聯合國代表權。台灣政府宣告「退出聯合國」。

在國際政治的十字路口，四散的中國新一代會對祖國文化歷史認識有多少，甚至還會不會回來……？沒有人知道。

1972.2 美國總統尼克遜訪問北京，兩國發表聯合公報，香港各界人士表示樂觀，認為本港將成為中美貿易的中途站，在政治上前途將益趨穩定。

我們這一代先知

香港的基督徒習慣不問政治、不問國事，教會漠視社會的罪惡與悲苦，忽略了社會「下層」的需要，對他們缺少積極的關心。

1973.5　基督教以馬內利會施應元教士發表《香港獄政調查報告》，揭露本地囚犯在服刑期間受到不公平待遇，食物量少質劣、環境擠迫不衛生，外籍犯人卻得到更多物資和較少勞役的優待。

十年文革浩劫，翻天覆地過後，
中國走向改革開放，預計將有巨大變化。
此際來自亞洲最優秀的人才，都集中在太平洋彼岸，
亞洲卻是一片貧乏荒涼……期待着這一代「先知」，
很可能只是一個最平凡的小市民，
願意委身回應神的託付——對社會承擔起責任。

這一代中國人的悲哀

選自——書信（第一組·七·來自太平洋彼岸）

你們好！

四、五月間曾渴想執筆給你們帶來一些春的信息，無奈功課緊迫，不能如願。接着是期考；學期結束後又忙着收拾行裝、搬家等。到現在才安定下來，卻已是初夏了……

你們會注意到我轉了地址。實在也是轉了學校。慕迪一年我學到的很多，特別是經驗方面。同時目光也擴大了，許多以前沒有看清楚的現在都看清楚了。在離港前我對於將來要在哪一方面事奉實在很模糊，因為對於好些方面都有負擔、都有興趣，然而過去這幾年來神似乎漸漸給我劃出學生工作和文字工作的範圍（雖然我還不敢確定，不過到目前的帶領是如此），過去多年來神把許多孩子託付了我，而我對孩童的工作也最有負擔；可是很奇妙的祂漸漸把這負擔轉移到較年長的少年、青年身上，我願意去了解、同情這些開始在人生道路上摸索的「大孩子」們，把我自己的經驗給他們作踏腳石，帶領他們深入主的裏面。

同時我自小對文學的熱愛再一次煽旺起來，感到也許主亦能在這方面用我，為着更充實自己以適應時代的需要，我將轉到Wheaton College，主修文學，兼修《聖經》科目。

惠頓鎮（Wheaton）位於近郊，除了中央的惠頓學院，周圍都是高尚住宅區：精緻的平房，優雅的草坪，林蔭大道上，兩旁樹木交織。在齷齪、喧囂的芝加哥市中心住了一年，這確是一個很大的轉變，尤其每天早上當學院教堂的鐘樓敲出優美的聖樂，嬝嬝的鐘聲在空氣中盪漾，整個世界都顯得那末安詳、謐寧，在這種環境下很容易忘記人間還有疾苦。

來美國以後我才真正悟到這一代中國人的悲哀，在這邊我碰到許多從台灣來的青年，都是起碼受過大學教育（因美國對台灣的條例是必須大學畢業後才可申請赴美），來這邊唸研究院的，所以差不多碰上的都是拿了M.A.，更有不少準備或已拿了Ph.D.的，在這個地大物博的自由國土裏，追求學問和發展事業的機會都很多。而這些M.A.s, Ph.D.s都可說是一流的人才，可是他們都有着為外人不能了解的隱衷，從香港來的還有些會回到遠東去；可是從台灣來的差不多百分之九十九是留下的，我現在開始漸漸了解他們的苦衷。這邊機會雖多，雖能滿足物質享受的慾望，可是每一個有思想的中國人，在考完了最後一個考試，取盡了最後一個學位之後，在遊尼加拉瀑布或駕車數百哩環繞黃石公園興盡歸來；在聽膩了電台的廣播插曲，看膩了電視的滑稽節目之餘，一陣莫名的空虛會不期然襲上心頭。人生到底比需要一部汽車、一座電視機，或甚至一個學位、一份高職多一點。以前還唱着「為國家、人民謀幸福」的口號，如今是龐大的國土歸不得，台灣彈丸之地，求過於供，而且舊傳統根深蒂固，青年人完全沒有發展的機會，所以不得不到他鄉謀發展。

可是中國人像猶太人一樣，家國觀念很重，不肯放棄固有的文化和生活習慣，因此不容易與外國人同化，到處都是自成一小社會。是的，我現在才深深地悟到這一代的中國人就像猶太人般到處漂泊。在東南亞一帶更受到迫害，所以只得跑到美國來立足，無思想的中國人漫無目的地活着，有思想的中國人面對現實而無能為力的時候心中無限抑鬱。——都是一樣的可悲！

這一個時代的中國需要不滿足於無意義的人生的青年人，肯吃苦，肯吃虧，肯沉毅地去奮鬥的青年人，這一個時代比任何一個時代更需要從上面而來的力量。

千古以來只有一位敢肯定地說祂有人生的答案，當無數聖賢哲士竭其一生去追求人生的意義，只有祂說出這句簡單、淺易卻深邃有力的話：「我來了，是要叫人得生命，並且得的更豐盛。」

我們所需要的是這個豐盛的生命。

恩佩 六四・六・十二 惠頓鎮

迷失的一代

剖視（六）

從香港到美國，從美國到台灣，我裏面有着沉甸的悲哀。

我們這一代的中國人是迷失的一代。

我們沒有方向。

在香港的中國人壓根兒就沒有想到這個問題：他們活在朝夕不保的政治局勢、苟且偷安的物質環境裏，根本就沒有方向感；在美國的中國人不敢、也不願想到這個問題：他們逃避責任，畏縮不敢正視眼前現實以外的現實，他們在那競爭極強的新大陸，唯一的方向便是為自己建立足之地；在台灣的中國人因這問題陷入迷惘中：他們受困於無從發展的小圈子裏，而又未淪落到完全麻木的境地，於是在矛盾中摸索着方向，而又因找不着出口而悒鬱、絕望。

海明威的作品着重刻畫世界大戰後美國人「失落的一代」（The lost generation），那經歷過戰爭和非人性的遭遇而受驚，而失去生存意義，而往物質生活去尋求麻醉的一代。可是海明威筆下失落的一代不過一時受驚而已，他們並非沒有出路，並非絕望的。最低限度他們還有海明威去刻畫他們的失落。

大戰後受創最深的德國和法國尤陷入苦悶的深淵，這種苦悶明顯地反映在他們的哲學與文學。哲學家和文學家對非人性的趨向提出了積極的抗議，存在主義及「荒謬」文學的思潮主要由此促成；然而他們的絕望還不算是真正的絕望，因為真正絕望的人就不再在乎發泄他的情感，真正的絕望所表現的是頑梗的沉默。戰後德法存在主義的蓬勃其實證明他們裏面還有着性靈的火花。

我們這一代的中國人才真正是可悲的——我們可悲到一個地步竟不能產生一個海明威或一個卡繆去刻畫我們的悲哀。我們可悲到一個地步竟漠視我們的悲劇。我們頑梗地沉默着，我們甚至不在乎地微笑着，因為我們對整個中國的局面，對我們整個存在的意義抱了絕望。

在台灣，小學生唯一的目標是考上最有名氣的中學，每個中學生唯一的目標是考上有名氣的大學，而每個大學生唯一的目標是到美國留學。到美國後他們便再沒有目標，或者說，他就不曉得應該再有什麼目標。

為了要渡到太平洋彼岸，許多中國青年不惜降低個人的尊嚴，用盡卑劣的手段，甚至出賣自己的人格。一般社會人士及家長不但不以此為辱，反而把他們對下一代的期望完全建在太平洋彼岸。

一個優秀的民族竟淪落至此！而我們仍漠視這一切。

一部分仍未完全失去自己的中國青年模糊地在無意識中為將來準備着，他們模糊地感到一天當我們的國家還復完整，他們便大有可為。他們模糊地活在將來裏面，可是對目前——他們只有迷惘。

還有一部分在苦悶中消沉。他們不滿現實，可是感到一己的力量太微薄，無法有所為。他們不能沒有靈魂地生活着，可是他們亦無法解開心靈的結，他們只有在悒鬱中下沉、下沉。

其餘的在現實的輪轉中被動地轉着、轉着，在生活的潮水中被動地漂着、漂着。

最可怕的是我們都不提到我們的迷失。我們頑梗地沉默着，滿不在乎地笑着，無知地漠視着，或竟是無恥地慶幸着。

更可悲的是一羣自稱有崇高的人生目標的基督徒也是一樣在現實的輪轉中，在生活的潮水中失去自己。他們訓練自己不再深刻地思想，不再強烈地感受。他們訓練自己去適應現實的環境——僅僅適應環境。他們訓練自己去忘懷無數受苦的同胞，忘懷國家的劫運。

約三千年前另一個優秀民族的詩人在國破家亡，被擄到異域的時候，用血和淚寫下這樣的詩句：

我們曾在巴比倫的河邊坐下，一追想錫安就哭了。
我們把琴掛在那裏的柳樹上。
因為在那裏擄掠我們的，要我們唱歌，
搶奪我們的，要我們作樂，
說：給我們唱一首錫安歌吧。
我們怎能在外邦唱耶和華的歌呢。
耶路撒冷阿，我若忘記你，
情願我的右手忘記技巧。
我若不記念你，若不看耶路撒冷過於我所最喜樂的，
情願我的舌頭貼於上膛……

假如今日中國的基督徒每人都在心靈裏寫着這樣的詩句，我們便仍是有希望的。

有許多基督徒在悒鬱中下沉——因為他們實在不能沒有靈魂地生活着，可是他們又解不開心靈的結，於是他們只有悒鬱，又有許多基督徒模糊地生活在「將來」裏——因為他們實在還未完全失去自己，而對「目前」又感到迷惘，於是他們只有生活在將來。

然而今天我們所需要的是勇敢地正視現實，忠實地生活的人。我們不一定需要出類拔萃之才，我們更不需要只會在奮興會中高呼口號的人；我們所需要的是認清自己、認清現實，而又沒有失去那燃燒在我們裏面性靈的火花的人；我們所需要的是忠耿地作着平凡的事，堅毅地負起責任，而又肯為着超越自己的目標付出代價的人。

除非我們悟到我們是迷失的，我們不能尋回自己。

作者按：

這篇文章（〈剖視〉系列）寫成不久，香港爆發暴動。暴動中最受利用的分子是工人階級。目前暴亂雖已算平定，然而在一種恐怖的威脅中，香港的基督徒面臨最大的考驗。在考驗當中，教會又正學習一個教訓：教會平日忽略了社會上的「下層」階級，對他們缺少了積極的關心。

暴動的事件使我更積極地思想我在這篇文章要表達的問題。基要派的信徒常被人批評是懦弱而又自滿的中層階級分子，「上不到，下不到」的，既不能抓住最高的知識分子；又不能幫助被生活鞭笞的羣眾。教會成了有閒階級的享受。一般信徒的反應就是那麼得意、沾沾自喜。台灣的教會因為環境安定的緣故呈現一種窒息的自滿、停滯。基督徒的目光就是那麼短視、所關心的範圍就是那麼狹小。

假如教會的活動只是少數人的特權，主耶穌就不必走各各他的道路了。

我多麼渴望神在中國的基督徒中興起一些「約翰‧衞斯理」，把福音帶到廣大的羣眾中去；一些「威廉‧威伯法斯」，為着廢除不平等的制度（實踐基督的博愛）而獻出他畢生的精力。我們是否可以期待將來有一天會有「工人團契」的成立，正如在學生當中有「校園團契」的成立？

一九六八年刊於台灣《校園》雜誌八卷一至八期

若是你的旨意

選自——剖視（四．無題）

他說：「我願意為主而死。」——可是他不能為祂而活。

草坪綠得膩人，七月的夕暉從葉隙間透進，把地上的兩個影子拖得長長的。「就在這椅子上坐坐吧。」她建議說。他們坐下，沉默了一會，還是她把話題重拾：「沒想到會在這小城碰到你。」

他微笑，沒有出聲，然而他淺棕色的臉卻痙攣着——一種需細心觀察方看出的痙攣——彷彿他臉部每一個細胞都在掙扎着要表達他心中的話，他的輪廓看來還相當年輕，可是稍禿的前額洩露了受過折磨的痕跡。只是禿額上覆着一小撮稀疏的頭髮，給人一種稚氣的感覺。這張臉似乎刻劃着經驗，卻缺少了成熟；流露出敏感，卻缺少了堅韌。

「你最近有沒有見W他們？」她再一次發動話題。

他搖搖頭：「我躲避他們，我——」「我曉得他們不了解你。」她插進去。

「我有很久沒跟基督徒朋友來往了，我不能忍受自己的虛偽。」突然他的話如防止不住的洪流般爆發出來，雖然他的聲音仍是很低，抑壓着。「W他們的信心彷彿那麼堅強，凡事那麼順利，生活那麼充溢喜樂。我在他們中間受不了。我不能迫使自己說出違心的話，可是他們覺得我一天到晚總是發牢騷。」

他繼續下去：「最近我靈裏的光景似乎略有好轉。我這次到G城來一方面給我自己一個機會——我實在走到走頭無路的地步——另一方面也是給神一個機會，試驗祂的信實和能力。我差不多等於對祂說：『你非在我生命中留一個神蹟不可。』」他的臉因激動變得深棕，然而他的眸子卻透出灰白的光。

「可是另一方面我卻又有一個感覺，彷彿神不會理會我，因為——因為我曾是一個叛徒。」他的額角滲出了汗珠。「是的，我曾經背叛祂，曾經有一個時候，在長期掙扎之餘，我差不多等於對神說：『我否定你的存在，我否定你的愛。』」

她注視着眼前的他，夕暉與霞光在他的臉上交織着。她眼前模糊起來，時間也在她腦中倒退。在H城她認識他的時候，他是團契的主席。那時候他的輪廓跟現在差不多，只是前額豐滿，眸子也有神采，他有着低沉而磁性的聲音，唱起詩來給人一種很舒適的感覺，每次他在團契裏講話都把聽者帶進一種超然的境界，都帶着很重的分量，打進每個聽者的心坎。顯然他自己也不斷地追求那種超然的屬靈的境界，在那裏尋求滿足。

然而甚至在那個時候他情緒的高低潮也很明顯。有時候連續幾星期他從團契裏失了蹤。關心他的人說他很消沉，喜諷刺的人說他鬧情緒。可是不久他又出現了，坦白地道出他靈裏的掙扎、苦悶和奮興的過程。他的聲音仍是那麼低沉而帶有磁性，仍是那麼有分量。當他奮興過來，全體的契友都感到心裏熱烘烘的。

她從不懷疑他的真摯，可是有時卻不禁為他情緒的不穩定而擔心。

夕暉霞光從他臉上褪去，一重陰影把他籠罩起來，他的聲音在薄暮中散發着。「那段時間我深鋭地痛苦着——結果我悔改了，返回祂足前。然而我的結仍是解不開。我不明白，為什麼W他們那麼容易滿足、快樂，而我——」

「你必須了解。」她忍不住插進去，「有一種人，也許是你和我，在性格上有許多矛盾和衝突，以致難以到達一個美滿的境界，你必須認識自己，從認識自己而接受自己。」

「可是W他們——」

「坦白跟你説了吧，你的性格較W他們複雜，思想較深入。單純的人，少思想的人，也少痛苦。」

「然而神的能力不是可以改變一個人的性格嗎？」

「當然可以。不過不要忘記，祂也造了許多類型的性格。既然祂接受我們，為什麼我們不接受自己？」

「接受自己？」他有點喃喃自語。「可是別人不接受我，……這些日子我總覺得人家對我投以輕蔑的眼光。……」

「小心不要想得太多。你若能接受自己，別人也就接受你。」

他似乎沒聽懂她的意思，只管自己發泄心中的苦悶：「生活也不接受我——還是我不接受生活，我也不曉得。似乎我的磨練總比別人多。在H城最後的一段日子我簡直是耽不下去了，那時候我對神哀求說：『你若不為我開一條路，我再也沒有辦法活下去。』結果到美國留學的路在困難重重中通了。多年來求學之願得償，我不禁士氣重振，預備努力振作一番。初抵美的一段時期常和他們一起到各教會團契作見證、獻詩、講道。我們又常常在一起討論要組織一個中國青年海外宣教會。我們有火熱的心，崇高的理想、宏大的計劃。然而不久我便又陷在低潮中。我發現跟他們在許多事上不能一致。我覺得神對我另有託付、另有計劃。祂的託付、計劃我還未能完全看清，常常為了思想這些問題連夜失眠。加上生活的擔子、學業的壓力、愛情的纏葛，我心中的結愈凝愈重。這三年來我在M州所遭遇的實在不易受，生活似乎不接受我。」

「這是你不接受生活。」她的聲音是誠懇的，絕沒有帶諷刺。

他似乎還是繼續在對自己説話：「在美國我總彷彿失去一點什麼的，……我總在追尋那失落的境界，昔日我們在團契裏所達到的屬靈的境界。」暮色中他的眸子發出異像的光彩。他站起來，退後一步倚在一株白樺幹上。

「最近我感到裏面重新興旺起來。」他的聲音顫抖着：「記得當年我們一同追求靈性的成長，我們都願意成為神重用的人。我的志願一直是要成為現代的衞斯理、慕迪、或亞洲的葛培理。我愛想像自己站在千萬聽眾面前，向他們發出有力的呼籲，看他們一個個走到台前。……」

「小心你的動機，」她忍不住指出來。「不要被偉大慾支配了你。」她的警告止不住他熱烈的情緒。

「假如神不要我成為偉大的佈道家，我第二個志願便是到沒有聽過福音的地方開荒，像以前到中國的戴德生、非洲的李文斯頓。我最近考慮加入『維奇夫翻譯聖經會』，到新畿內亞等較落後地區，與土人生活在一起，學習他們的語言，直至有一天把一本用他們的語言寫成的《聖經》放在他們手中。」

「幻想者！」她在裏面無聲地呼喊。「你這經不起現實考驗的人只會夢想。」

半圓月從雲縫透出，把白色的樹幹映得更白。他站在白光中彷彿一座石膏像。「甚至假如神要我作殉道者，我絕不吝嗇我的生命。我對主說：『若是你的旨意，我甚至願意為你放下我的生命。』」

她抬起頭來，緩緩地、輕輕地：「假如，假如神不要你做偉大的佈道家，只要你在現在的崗位上為祂作見證：不要你做開荒者，只要你把祂介紹給你的鄰居；不要你做殉道者，只要你在日常生活中一朵小小的火焰，……假如祂對你並沒有什麼獨特的託付，不平凡的計劃，假如祂只要你繼續現在的生活。……」

她說不下去了。

月色下，他的臉罩上了一層霜。他的眸子失去光彩。

知識分子的迷惘

選自——剖視（五）

從課室裏走出來，他漫步走在教授住宅區的小路上。日本式的院子和圍牆把一幢幢矮小的房子圈在裏面，路上顯得那末謐靜。只有一兩個人家傳出鋼琴的聲音，是一些初學者彈的小調，音樂簡單、平淡。牽牛花從矮小的圍牆爬出來，紫荊花也隱約可見。空氣裏瀰漫着夜合和玉蘭的馥郁。他腦海裏充滿了剛剛唸完的十九世紀英國浪漫派詩人華茲華斯（Wordsworth）的詩句：

「——再一次
我凝視這些峭峻聳巍的絕壁，
其荒涼湮野的背景引
思潮進入更深的遁隱；又將
眼前的景色與穹蒼的平靜相連。

——再一次我凝視
這些籬柵，幾乎沒有籬柵的痕跡了，淘氣的
林木不分界野地隨意奔跑：這些田舍，
門前綠意盎然，孃孃炊煙
從樹叢中默然上升！

——那幸福的心境，
當我們身心的疲乏這不可理解的世界
所給與我們肩頭上的重擔與及它的玄祕
所帶給我們心靈上的荷負
都減輕的時候：——那澄清、幸福的心境，
當一切最美善的意念溫柔地驅我們前行，
直至，我們身體的呼吸
甚至我們體內血液的運行
都幾乎停止了，我們有形的肉體
安歇，我們都化成活的靈魂：
我們的眼睛感受於和諧的力量，
與及喜樂的力量，變得澄清，
於是我們看到事物內在的生命。

——因此我仍是
熱愛着草原與及樹林
與及山巒，與及我們眼目所及的
這蒼翠的大地一切的景物……」

他背誦着詩句，感到心境十分澄清、幸福，充溢着最美、最善、最真的情操，一切繁俗的意念都洗滌一清。雖走在台北市的小路上，他彷彿置身當年華茲華斯及他姊妹黛麗絲相偕遨遊的英國的湖區，在蜿蜒的河流，翠綠的山谷與及多霧的湖沼之間漫步。

他想到剛才教授講及的大自然中獲至永恆的共鳴。教授自己也被這超越的意境所陶醉。他說這境界只能意會，不可言傳，他只能反復地朗誦華茲華斯的詩句，希望同學們自己去更深刻地體會：

「——當我往上望，
月亮赤裸地懸掛在
澄淨無雲的穹蒼，在我腳下
默然躺着一個白茫茫的霧海。
後面晚霞如山巒重疊起伏
從這靜默的霧海中升起；而遠處，
遙遠之處凝固的水蒸氣伸延，
當時我看到一個徽號，象徵着一個靈魂
從永恒吸取它的養料，
在黝黑的冥淵上沉思，等候着
聽見淵底的洪流發出聲音，

衝襲起白光；一個靈魂靠着
在上超越的能力而得以維持
……」

他從教授住宅區轉出羅斯福路，再走到公館去乘三十九路的公共汽車。終站候車的人很多，而汽車又久等不來。

突然人羣中起了騷動。一個衣衫不整的中年男子張皇地在人羣中鑽動。他手上抱着一個小孩，用一條破舊的毛氈覆蓋着，看不清楚孩子的年齡和面目。這男子彷彿完全被擔憂、恐懼和痛苦所控制，徬徨無主。他的臉抽搐着，他的手顫抖着。他喉間發出嗚咽。他的目光向周圍的人羣發出求助的眼色。

他在人羣中鑽動了一會，忽然見他回頭向一條橫巷飛奔；可是不一會又見他從巷裏跑出來，後面還跟着一個中年婦人。婦人曳着男人的衣衫，似乎在勸阻他的行動。婦人的眼睛是紅腫的，臉上盡是眼淚。

這時男人和婦人被人羣包圍，他再看不清楚以下的情況。剛巧車子又來了，他便隨着人潮上車。

車子開動了，可是許多乘客都在談論剛才那一幕劇。

「到底是怎麼一回事？」他聽見一個乘客問另外的一個。

「我也不清楚，不過似乎聽到有人說他孩子病危，他抱他出來喚急救車，送醫院去。」

「不是，」另一個乘客插嘴進來，「我聽人說他的孩子死了，他說那醫生開錯藥方，害死了他孩子，要找醫生賠命。」

「賠命？怎樣賠？」第一個說話的乘客應道，「恐怕情形沒有這樣簡單吧。」乘客們七嘴八舌地談論了一會便又回復沉默。

他的心在裏面發痛。衣衫不整的男子張皇的臉不住在他眼前浮動。他感到深深的慚愧，因為他對這男子的情形完全無能為力。

他想：「怎樣能安慰受到這樣打擊的父母？怎樣能使他們鎮靜下來？怎樣能使他們不致陷入完全的絕望？」

他想起了華茲華斯的詩句——那澄清、幸福的心境。他想起了教授所說的在大自然中獲至永恒的共鳴。可是他又頹然地悟到這對夫婦不能理解華茲華斯的詩句，不能理解那樣超越的思想。

「我們這些知識分子！」他感到迷惘。「我們這些住在象牙塔裏生活的少數之士！我們這些在半空中說着羣眾所不理解的虛渺的哲理的人！當無知識的羣眾面臨死亡的恐懼，我們能給他們較具體的安慰嗎？」

「也許，」他續想，「我們需要一種道理、一個信息，其高深、超越處能使知識分子感到玄妙，然而其平易、具體處又能滿足一般的羣眾。」

教會——有閒階級的活動？

選自——剖視（七）

「……萬有之源萬福之本。阿們。」

「阿們」嬝嬝的餘音在教堂內繚繞，主席宣布「默禱、散會」，於是會眾徐徐坐下。許多雙眼睛緊閉着，作最後虔誠的膜拜。可是也有好些人在座位上不耐煩地移動着，眼睛四處張望、搜索、找尋熟悉的臉孔。

「您好，您好，」X先生趨前跟Y先生熱烈地握着手。「上禮拜不見你來。——」

「最近太忙了，太忙了。」Y先生說着露出前排牙齒旁邊一枚熠熠發光的金牙，與他領帶鍍金的夾子互相輝映。

「想你公司的生意一定很不錯吧。」

「都是神的恩典，神的恩典。」

「是的，是的。」X先生陪着笑。「唔……您現在有沒有空，……唔……我有一件事要向您請教。」

「可以，可以。」

於是X先生尾隨着Y先生步出教堂。

「今天的信息真是令人感動。若不是出於聖靈的感動，絕對不會那麼動人。」

「對呀，那實在是一種靈裏面的享受，我恨不得天天都有這種豐富的靈筵，幫助我們靈命的長進。」

兩位梳着巴黎式高髻的中年太太在教堂的一角聊起來。其中一位穿了一襲淺灰色滾深灰色邊的英國薄呢絨套裝，另一位則是穿上一襲深藍暗花的中國絲綢旗袍，也是套裝，外套的鈕扣是中國式的大花鈕。兩位都是儀態雍容華貴。

「聽說上星期在府上舉行的家庭禮拜人數不少，可惜我要去參加我外甥的訂婚宴會，沒有法子抽身，錯過了這機會。」穿中國絲綢的太太又說：「要不是有特別的事情，我總不願錯過聽道的機會；不過最近應酬特別多。」

「我還以為你們家的少爺、小姐都出洋去了，你會空閒一點呢。」穿英國薄呢絨的太太答腔道：「好像我們家呀，老二老三都在準備聯考，老四又要升高中了，光是服事他們就夠呢。」

「表面看來我應該比你多點空兒，可是實際上我其他的事務也很多。不要說別的，光就是探訪的工作也很花時間，每次到人家家裏探訪，一扯上家常話就是聊半天。此外每週的禱告會、姊妹會、同工會、特別家庭聚會，反正是差不多每個晚上都有聚會。不是參加就是有應酬。」

「不過你總比我好。等到我的老二老三出國去了，那我也會清閒一點，便可以服事主。最近我先生的應酬也很多，我都要陪着他，一個禮拜總有幾個晚上在外面的。」

「那我們真是彼此，彼此。」

「快去，叫姊姊快點，爸爸等得不耐煩了。」一個母親催促着她的女兒。那十一、二歲的女孩子拔腳往教堂裏面跑，她腦後的「小馬尾」一搖一擺的，上面鵝黃色的蝴蝶顯得很醒目。她白色的裙子下面也有好幾個鵝黃色的小蝴蝶，襯着一件鵝黃色的小背心，看來很帥。母親旁邊一個約五、六歲的男孩子兩條腿交換着跳，他那擦得光亮的小皮靴使地板發出「閣閣」的聲音。

一會兒，戴鵝黃色蝴蝶的女孩子再度出現了，緊跟着她後面的是一個跟她長得一模一樣的女孩子，髮型和衣服也是一模一樣，只是頭頂的蝴蝶和裙子上的蝴蝶是青蓮色的。

「來了，來了，我們走吧。」於是先生、太太、少爺、小姐一家大小魚貫而出。

外面一輛黑色的雪佛萊轎車在陽光照耀下顯得特別「明艷照人」。裏面的司機斜倚在座位裏打瞌睡，聽到主人的聲音，忙睜開惺忪的睡眼，定一定神，本能地出來為主人開車門。

「阿楊，先把車子開到市場拿肉去，我們剛才打電話訂的。然後再開到那廣東店子買點『叉燒』，今天立明生日，我們要加點菜。

「啊，還有——還要去拿生日蛋糕。我差點兒忘了，那下午的生日會就沒有生日蛋糕了。快點，阿楊，時間不早了，今天講道講的比較長。」

司機提起精神，開動馬達，車子飛馳而去。

車內，小立明突然問他的母親：「媽咪，我們都去做禮拜，為什麼只有阿楊一個人不做禮拜？」

會眾差不多走開了，只剩下幾個年輕人站着講話。「今天的信息好長啊！」一個戴眼鏡的男孩子說：「我計算着時間，一共講了一小時零七分鐘。」

「我喜歡聽長的，」另一個高個兒的男孩子答腔：「講得短聽起來不夠過癮。」

「過癮？好像你來聽戲的……」長髮披肩的女孩子在旁邊噗哧一笑。

「那當然不一樣。」高個子答道：「不過講得動不動聽倒是很重要。我覺得他今天對社會福音派的批評很有分量。實在的，如果光是改良外面的環境，而不解決裏面的罪性，決不是根本的治療。」

「我絕對同意，」戴眼鏡的聲音有點激動，「不過光是傳福音而忽略社會問題也是作得不完全。我想神是關心我們的整體的，包括我們靈裏面的需要以及肉體的需要。我認為教會有責任改善人們的生活，消除社會的弊端。」

「你這個唸社會學的一開口不離本行，」高個子嘲笑着他的朋友。

「我覺得他講的也有道理，」長頭髮的女孩子說：「主耶穌在世上的時候不是十分關心窮人嗎？作司庫的猶大其中一個職責不是賙濟窮人嗎？主耶穌常常都是先解決了人們肉體的痛苦——當然祂最後總是要解決那個人靈魂的需要。保羅不也是囑咐教會要記念家人嗎？初期教會似乎很注重人們的生活的。」

P隨着人潮步出教堂。外面早已有幾輛三輪車在等着。

「小姐要車嗎？」一個三輪車夫向她點首招生意。大概他想她一定會是個主顧吧；她穿着旗袍和高跟鞋，看樣子不像會騎腳踏車的。

她向三輪車夫搖搖頭，車夫微露失望的神色。突然她注意到他黧黃的臉、乾癟的嘴唇，額上、雙頰上像刻了一條條深溝似的紋；又注意到他那特別短小的褲子下面露出來的多毛的小腿，那長滿了繭的腳背，那從帆布鞋的洞突出來的腳趾；他的三輪車特別破舊，車篷都有點破爛了，甚至椅墊也有補縫過的痕跡。

她注視着他，躑躅着，想從皮包裏拿出一張福音單張送給他。

「願神祝福你！你平平安安的去吧，願你穿得暖吃得飽……」她腦海裏閃過這樣的話。她躑躅着。

三輪車夫以為有希望做成這樁生意：「小姐，你要到哪兒？」

她鼓起了勇氣：「你每星期日都到這兒來嗎？好不好請你進來聽聽道理？」

三輪車夫莞爾而笑，雙頰的紋深得像一條條的深溝：「我進去聽道理？我這一身破舊、骯髒的衣服……我的車又怎麼辦？」

她低頭看自己的旗袍，看自己的尼龍襪子，看自己高跟鞋的鞋尖。那帆布鞋的洞，那突出來的腳趾，又映進她的眼簾。

她抬不起頭來；她紅着臉走開。

路上，她經過菜場。賣水果的，賣蔬菜的，賣雞蛋的都擺開他們的攤子。裏面是賣豬肉的，賣魚蝦的。裏裏外外，一片熙攘。

「你們去……把福音傳給每一個受造的！……凡我所吩咐你們的，都教訓他們遵守！」主的命令如一根棒子，迎面擊來。

「他們都沒有去做禮拜。」

「他們都沒有機會去做禮拜！」

於是她感到說不出的悲哀。

「我能為這城市做什麼？

「我所有的只是一個病弱的身體和一支畫筆

不，我有的足了——

只要，我真的相信：這福音本是神的大能，

要救一切相信的。」

這一代的先知在哪裏？

世潤看起來一點都不像我們心目中的「先知」——那道貌岸然，滿臉于思，眼光鋭利的「超人」。

可是他卻懷着先知的抱負。

「門徒訓練中心」在新加坡開辦的時候，這個來自韓國的男孩子是男生中最年輕的一個，甫自大學畢業。（他剛到的時候，別人都聽不懂他說的英語。這使得他十分困惑，因為在韓國的時候，他一向以為自己英文的程度蠻不錯的。）我認識他那一年，他快要修完三年的神學了，正在準備申請到英國的神學院繼續深造。他正在趕他洋洋數萬字的論文，英文書寫的能力雖還不能算一流，但也相當夠水準了；而講的程度，雖仍帶着韓國口音，但也稱得上流利，甚而學會了用英國人的幽默來跟人家開玩笑呢。

是在他論文終於殺青，文章也打好了以後（那時我們已相當熟了），他向我透露了自己的抱負。

他雙手搔着那頭永遠蓬鬆的短髮，一副忸怩的神情使他孩子氣的臉愈發顯得孩子氣。身上一件夏威夷恤，一條褪了色的短褲子，腳上一雙日本拖鞋。看他那副樣子，我真是想笑，可是當他嚴肅地述說神對他的託付，我卻笑不出來了。

「你問我委身的路向？……你要說說你對我的觀感嗎？你覺得我適合在哪一方面服事神？」

「我看你大概會走神學的路線吧。你不是說過大學修的是社會科學嗎？現在你已接受了基本的神學訓練，又考慮繼續在神學上深造，以神賦予你的思想能力，你應該可以成為神學家的。我盼望你建立了好的聖經神學基礎以後，再到歐洲去，更深入地唸點哲學、心理學。」（在門徒訓練中心的學生當中，世潤一直被視為「學者」，而他對自己的才華也頗有自信。他平常最喜歡介入神學觀點的辯論，辯論起來，侃侃而談，滔滔不絕。大家都說他一定會做「神學家」，我也就跟大家的看法一樣了。）

「不過，你似乎另有抱負，是不是？」我看他神色有點不尋常，便轉口問。

「嗯——我很少跟別人談起，不過我願意告訴你。」他既有點忸怩，卻又掩飾不了在他裏面燃燒的熱火。「我會走神學路線，但卻不是純粹學院式的神學路線。我也會多修點哲學，特別是政治哲學。……我盼望成為學者，可是卻不是只為了做學者。……關於神對我這一生的託付，在沒有來門徒訓練中心以前，我已經有些模糊的概念……這三年來我的信念才漸漸趨於成熟。在我的家鄉裏也有三、兩個跟我有同樣抱負的弟兄，這些年來我們常常通信，保持聯絡。……我們都熱愛國家——你知道我們韓國人民族觀念很深，同胞一向親得像一家人，本來就是一家人嘛，我們從來沒有分開過的，就是目前在南北韓分裂這種情勢之下，我們的感覺仍是一家人，而且深信有一天我們的國家一定會統一的！我們都對自己的社會有沉重的使命感。我知道自己前面還有很長的路，我也要摸索怎樣走這條路，然而神已經託付給我這個『先知的使命』，我以後服事的途徑與我國家的命運一定是息息相關的。」

在他斷斷續續、掙扎着要表達自己的一番話中，我這才猛然驚覺面前是一個懷着先知託付的年輕人。我驚訝得一句話也說不出來。他把靈魂最神聖的一部分揭露了的那一刹，我除了懍然沉默，還能有什麼表示？

我會常常記念你，異國的弟兄，我心裏想：我曉得在你前面還有很長的路。

而使我深深感觸的是：在那個時候我還不知道，在我本國的弟兄中，有哪一個懷着先知的抱負？

從那次的談話以後，我才明確地了解「先知的使命」（Prophetic ministry）的意義，而且從那次以後，在基督徒的講壇或交談間，我開始常常聽到「如何發揮先知使命」的言論。

（也許在那個以前我對這方面的體會不夠敏銳吧。）

誤解「先知」這觀念，或不能徹底理解的人太多，總以為先知就是神選召出來做很奇特的事的超人，他們看到了別人不會看到的「異象」，然後就「預言」還沒有發生的事情。幾年後、幾十年後、或幾千年後，而這些事情又果真都照他們所說的「應驗」了。一般人太着重先知對將來的事的「預言」，而忽略了他們更重要的一面。

其實他們真正的使命是對他們那個時代的人（特別是同胞），同時宣告神的審判和憐憫。

先知都是很愛國的，也有強烈的民族觀念，但並不受狹窄的民族主義拘束，尤其像以賽亞那樣有深度的先知。他們都對自己所處的時代、國家的命運很敏感；（其實他們看到的『異象』也可說就是神給他們具體的透視。）對自己身處的社會、周遭發生的一切有很強烈的感受，強烈到一個地步不能緘默不言。（這也可說是神的靈在他們裏面催逼。）

為了伸張正義（神的公義），他們大聲疾呼，把「社會賢達」、「宗教領袖」的假面具撕下來，〈以賽亞書〉的一段可算很具代表性的：

你們不要再獻虛浮的供物，香品是我所憎惡的。

月朔、和安息日、並宣召的大會，也是我所憎惡的。

作罪孽、又守嚴肅會，我也不能容忍。
你們的月朔、和節期，我心裏恨惡，我都以為麻煩。
我擔當，便不耐煩。
你們舉手禱告，我必遮眼不看。
就是你們多多的祈禱，我也不聽。
你們的手都滿了殺人的血。
你們要洗濯、自潔。
從我眼前除掉你們的惡行：
要止住作惡，學習行善；
尋求公平，解救受欺壓的；
給孤兒伸冤，為寡婦辨屈。
——〈以賽亞書〉一：13–17

不錯，先知是神所揀選的——是「蒙召」的。從神的觀點，沒有人可以自封為「先知」。可是另一方面，先知也一定是個委身的人，肯對神說：「是的，我願意。」神所揀選的「先知」很可能就是一個最普通、最平凡的「小市民」，不一定「系出先知的學門」，就像先知阿摩司向敵對他的人申辯說：「我原不是先知，也不是先知的門徒。我是牧人，又是修理桑樹的。耶和華選召我，使我不跟從羊羣，對我說，你去向我民以色列說預言。」其實每一個屬神的人就要時刻準備神把先知的使命交託給他。

先知還有一個特徵，就是他必須要完全「投身」——捲入漩渦（get involved）。他有從神而來的信息要傳達，他要宣告神的審判；可是他絕對不是置身度外的旁觀者。他不但「先天下之憂而憂」，事實上，也在神的震怒之下分擔着同胞應得的審判，在所傳的信息中受到劇烈痛苦的煎熬。

耶利米是為人周知的「流淚的先知」。何西阿娶的是不貞的女人，象徵了神的子民對神的不忠。假如我們明白這個觀點，也就不會覺得神給以西結的命令不合理。（〈以西結書〉四章）在舊約時代，神特別要很具體地教導人明白祂的意思。為了使說預言和聽預言的人都對祂的信息烙下深刻的印象，祂吩咐以西結說：「你要向左側臥，承當以色列家的罪孽，要按你向左側臥的日數，擔當他們的罪孽。……就是三百九十日。再者，你滿了這些日子，還要向右側臥，擔當猶大家的罪孽，我給你定規側臥四十日，一日頂一年。你要露出膀臂，面向被困的耶路撒冷，說預言攻擊這城。我用繩索捆綁你，使你不能輾轉，直等你滿了困城的日子。」

我從未真正了解舊約先知書，直至我在時代的考驗中，看清楚了人類的困境與厄運。在我們的時代，每個基督徒都可以重新從先知的信息和榜樣中找到路向。

有些基督徒專心致力於建立人間的天國，而從來未曾真正了解「天國」的意義。（只有當人接受基督為救主，讓基督在他生命中掌權，天國才能在他心裏建立起來。天國的領域是屬靈的，絕不是物質的，也不是搞革命，或辦社會福利可以實現的。）然而另一方面，很多基督徒追求天國的方式也是同樣不符合神的啟示啊！這些基督徒的閉關主義有深有淺，最深的那一羣可能不是這篇文章的對象，因為他們完全不與自己圈子以外的人來往。較淺的也是把自己囿在教會團契裏面，與社會不發生什麼深入的關係。教會與社會在質上固然應該有別，但是否不與社會發生深入的關係就代表這種質的分別，又是否因此而能影響社會呢？我從先知、使徒和主耶穌身上找不到這樣的教訓。基督徒漠視社會的罪惡與悲苦，不採取積極的行動，這已夠令人痛心了；而更使人哀歎的是，這種態度竟被標榜為「屬靈」，似乎「屬靈」的定義限於追求個人聖潔，及追求個人靈命與基督聯合。

事實上，假如生命真與基督聯合，我就會摸到祂愛世人的心；祂在世上的時候，怎樣以悲憫的心愛那廣大的失迷的羣眾；祂怎樣愛每一個需要的人——竟至愛及他的「全人」；祂怎樣與被社會唾棄的不良分子做朋友……

上面我提到先知的「投身」；而當我想到基督降世為人，其中「投身」的含意更使我懍然！神可以用很多別的方法來拯救世人，但祂卻選擇投入充滿罪惡的污濁的人間，經歷人世間一切的憂傷疾苦，與祂同時代的人困境連在一起……我們如何能完全領悟 "Incarnation"

的奧秘!?可是若不嘗試去體會，也就根本談不上什麼「屬靈」了。

前兩個月我看了當代法國平信徒神學家艾魯（J. Ellul）的著作："The Presence of the Kingdom"。（由於他寫了三本研究現代社會問題的書，最近變得十分知名。這三本書的英譯本名："The Technological Society"、"Propaganda"、"The Political Illusion"。）這本書的開頭，只像一本很平常的靈修書；可是繼續看下去，我被他從深入研究聖經所得到的深刻的見解吸住了，而他對當代社會各種層面的剖析簡直令人歎絕。他的神學論是最實際的神學觀念，與我們每天過的生活息息相關。就以他對「傳福音」的透視為例吧，讓我摘下書中一小段來佐證：

「……只有當我們真正了解同時代的人的窘態，聽到了他們悲苦的呼喊，明白了為什麼他們不肯接受我們這『支離破碎』的福音；當我們分擔了他們的福音，無論是肉體的或靈性的，或在他們絕望和被遺棄的慘況之中；當我們與自己的同胞以及普世的教會真正成為一體，像摩西和耶利米與同胞成為了一體，像耶穌與那流離失喪、如同羊沒有牧人的羣眾打成一片，然後我們才可以宣講神的道——可是非到這地步之前，我們無法宣講。」

當我們確定了「投身是基督徒的本分」這個大前提，就會發現「投身」的路向有很多，視乎所處的時代、環境、及神對我們的託付。(可惜太多基督徒從來沒有想過這個問題，或者只是盲目跟從人的教訓，而沒有自己把聖經的真理研究清楚。）有些人也許從神那裏接受很重的託付（像那位韓國的弟兄），但每一個基督徒都無法逃避神給人基本的託付——對社會承擔起責任。

半年前我從新加坡回到香港，經過一年多吃重的工作，加上身體軟弱、疲乏，只想靜養。可是我回到了一個「錯誤的地方」。不多久我便天天為着報上的新聞和周遭發生的事心靈絞痛。不管我多麼討厭、多麼不能適應這個城市，它到底是我生長的地方，而我現在回來了，正是它飽受蹂躪的當兒。我推卸不掉我的責任，儘管我身體軟弱；我還有一管禿筆。於是我寫了〈我能為這城市做什麼？〉、〈城中的死亡〉、〈他們也有靈魂〉。

不夠，神說。光是向基督徒呼籲還是不夠。要直接向社會吶喊。於是我向本地兩家最大的報紙投了兩封信，一封中文的，是對本地有文化地位的中文報紙，刊登極其低級趣味的電影廣告提出批評，指出這些廣告本身就是一種「色情架步」，直接間接助長了青少年犯罪的傾向。第二封英文信針對當時本地爭辯得十分利害的「廢除死刑」的問題，就基督教倫理學的觀點，道出見解。兩封信都沒給刊登。對於第一封信我早就想到不會有結果的，因為哪一家商業報紙會真地為了正義和文化道德而得罪自己的大顧客，犧牲龐大的收入!?至於第二封沒有給刊登出來，我百思不解，因為亦有不少教徒就宗教立場發表意見，也刊登出來了。只有一點是沒有別人說過的，那就是我曾批判贊成廢除死刑者基本的哲學論點，是已過時的十九世紀人道主義的論點（他們以為人類現在已經這麼文明，道德這麼進步，不應再保持古老、野蠻的死刑了），而那位外國老編很可能就是這樣的一個人道主義者吧。

我當然很失望。算了，浪費時間！

不，裏面的聲音又說：本地的基督徒應該聯合起來辦一份有水準的刊物，在社會上發出基督徒的聲音。我們不是可以藉這份刊物給迷失的青年指出方向，建立正確的價值觀嗎？——只有在耶穌基督裏才可以找到真正的方向和價值觀。我們不是可以再進一步與他們建立個人的關係、輔導他們嗎？基督徒不能再沉默了！

早在幾個月前另一小撮有異象、有負擔的弟兄姊妹就向我提過辦這種刊物的事。我猶疑着。我深悉這種事情牽連有多大。可是當裏面的聲音繼續催逼，我就沒有選擇的餘地。就這樣，我們在能力範圍之內肩負起「先知使命」。

宣告神的審判與憐憫，在社會伸張正義，投身入苦難的世界——時代的考驗不容許我們過安逸自滿的日子了。

一九七三年五月二十五日

給「使者」

20X25＝500

這一代的先知在哪裏？

蘇恩佩

在潤看起來一點都不像我們心目中的「先知」——那道貌岸然，滿臉干思，眼光銳利的「超人」。

可是他卻懷着先知的抱負。

門徒訓練中心在星加坡開辦的時候，這個來自韓國的男孩子是會眾中最年輕的一個，甫自大學畢業。他剛到的時候，別人都聽不懂他說的英語。這使得他十分困惑，因為在韓國的時候，他一向以為自己的英文程度蠻不錯的。我認識他那一年，他快要修完三年的神道學了，正在準備申請到英國的神學院繼續深造。他正在趕他

原稿紙 第 頁

的洋文數十萬字以上的論文，寫英文的程度是還不能算一流，也相當夠水準了，講的程度，雖仍帶着韓國口音，也稱得上流利，甚而常常會引用英國人的幽默來跟人家開玩笑哩。

是在他論文終於全部謄清，打字也打好了以後，那時我們已相當熟了，他向我透露了他的抱負。

他雙手摸着那頭永遠蓬鬆的短髮，一副忸怩的神情使他滿臉孩子氣的臉越發顯得孩子氣。身上一件夏威夷衫，一條褪了色的短褲子，腳上一雙日本拖鞋。看他那副樣子，我直是想笑，可是當他嚴肅地述說他對他的抱負的時候，我却笑不出來了。

20X25＝500

這一代的先知在哪裏？

原稿紙

「你問我未來的路向？……」你要說說你對我的觀感嗎？
你覺得我適合走哪一方面發展呢？」
「我看你大概會走入神學的路線吧。你不是說過去學修的
是社會科學嗎？現在你已受了一些基本的神學訓練，你又
致應當繼續在神學上深造，以你神學天賦和你的覺視能力，
你應該可以成為一個神學家的。我的感受是在你建立自身
了一個好的基督神學基礎以後，再到歐洲大陸去更深入地
唸宗教哲學、心理學——。」（在同次訓練中心的學生當中，
未聞一直被視為好學者，而他對自己的才華也頗有自信。他
平常最喜歡介入神學觀點的辯論中，辯論起來，侃侃而

第　頁

NO. 2

說說不絕。大家都說他一定會做神學家，我也就跟大家的想法一樣了。

「不過——，你似乎是有抱負還是不是？」我看他神色有些不尋常，便轉口問。

「嗯——。我很少跟別人說過，不過我願意告訴你。」他說有些惶恐，卻又掩飾不了，在他裏面燃燒的熱火。「我會走神學路線，卻不是純粹學院式的神學路線。我也會多修些哲學，特別是政治哲學。——。我將成為一個學者，可是卻不是為了做學者而做學者——。關於神對我這一生的託負，在沒有來訓練中心以前我已經有些模糊的概念……這三年來我的信念才漸漸趨於成熟。在我的家鄉裏，還有三、兩個跟我有同樣抱負的弟兄，這些年來我們常常通信，保持聯絡……我們都愛我們的國家——你知道我們韓國人是一個民族觀念很深的民族，我們的同胞一向覺得像一家人，本來就是一家人嘛，我們從來沒有分開過的，就是現在南北韓分裂這種情勢之下，我們的感覺仍是一家人，而且我深信有一天我們的國家一定會統一的！我們都對自己的社會有沉重的使命感。我知道我前面還有很長的路，我也要摸索着走這條路，然而神已經託負給我這個先知的使命，我以後服事的途徑與我國家的

NO. 3

的這一定會負之揭笑的。

在他斷斷續續、掙扎着要表達自己的一番話中，我這才猛然警覺在我面前有一個懷着先知先覺的青年人。

我一句話也說不出來。面對這個最說揭露了他最神秘的一部份那剎那，除了你懷抱的沉默，我還能有什麼表示？

我會紀念你，紀念與你相同的弟兄，我一直覺得在你的前面還有很長的路。

而使我深深感觸着的是：到那個時候，我還不知道，在我本同的弟兄中，有那一個懷着先知的抱負。

20X25＝500

原稿紙

從那次的談話以後，我才明確地瞭解「先知的使命」的意義，而且從那次以後，在基督徒的講壇與交談中，我開始常「碰到」如何發揮先知使命的言論。（也許在那年以前我對這方面的體會不夠敏銳吧。）

太多人對「先知」有「預言或先覺」的觀念，總以為先知就是神選召來做一些很奇特的事的超人，使他們看到了一些別人不會看到的「異象」，然後使他們說「預言」一些還沒有發生的事情，幾年後、幾十年後，或幾千年後的，而這些事情又果真都照他們所說的「應驗」了。一般人太着重先知對將

第　頁

NO. 4

未來的事的預言，而忽略了他們更重要的一面。其實他們真正的使命就是對他們那個時代的人（特別是他們的同胞）同時宣告神的審判和神的憐憫。

我們會發現他們都是很愛國的，也都有強烈的民族觀念，但並不受狹窄的民族主義拘束，尤其像以賽亞那樣有深度的先知。他們都對自己所處的時代、國家的命運很敏感，其實他們所看到的異象也可說是神給他們具體的透視。他們對自己所處的社會、週遭所發生的一切有很強烈的感受，強烈到一個地步不能緘默不言。這也可說是神的靈在他們身上催逼。為了伸張正義（神的公義），他們大

20×25＝500

靜夜吧，把「社會賢達」、「宗教領袖」的假面具撕下來。以賣一些古董一千年的一段可算假與代表性的：

你們不要再獻虛偽的假物，香品是我所憎惡的。

你們的月朔、和安息日，並宣召的大會，也是我所憎惡的，作罪孽、又守嚴肅會，我也不能容忍。

你們的月朔、和節期，我心裏恨惡，我都以為麻煩。

我擔當，便不耐煩。

你們舉手禱告，我必遮眼不看。

就是你們多多的祈禱，我也不聽。

你們的手滿了殺人的血了

原稿紙　第　頁

你的惡意、自私。
從我眼前除掉你們的惡行；
要止住作惡，學習行善；
尋求公平，解救受欺壓的，
給孤兒伸冤，為寡婦辯屈。

不錯，先知是神所揀選的——是蒙召的。從神的觀點，沒有一個人可以自封為「先知」，可是從另一方面，先知也一定是個委身的人，會對神說：「是的，我願意。」神所揀選的「先知」很可能就是一個最普通、最平凡的「小市民」，不一定要「出先知」的學門」，就像先知阿摩司對攻擊他的人申辯：

20X25＝500

說：「我原不是先知，也不是先知的門徒。我是牧人，又是修理桑樹的。耶和華選召我，使我不跟從羊群，對我說，你去向我的民以色列說預言。」其實每一個傳神的人都要時刻準備讓把先知的使命交託給他。

先知還有一個特徵，就是他必須要完全「投身」—捲入漩渦（get involved）。他有一個從神來的信息要傳達，他要宣告神的審判，可是他絕對不是一個置身度外的旁觀者。他不但「先天下之憂而憂」，事實上，他也在神的震怒之下，分擔著他同胞所應得的審判，在他所傳的信息中他受到劇烈痛苦的煎熬。

原稿紙 第 頁

NO. 6

耶利米是為人週知的流淚的先知。何西阿娶的是一個不貞的女人，象徵了神的子民對神的不忠。假如我們明白這個現象，我們也不會覺得神對以西結的命令不合理。（以西結四章）在舊約時代，神特別注重用具体地教導人明白祂的意思。為了使說預言和聽預言的人都对祂的信息銘刻下深刻的印象，神就吩咐以西結說：「你要向左側卧，承當以色列家的罪孽，要按你向左側卧的日數，擔当他們的罪孽。……就是三百九十日。再者，你滿了這些日子，還要向右側卧，擔当猶大家的罪孽，我給你定規側卧四十日，一日頂一年。你要露出膀臂，面向被困的耶路撒冷說預言攻擊這城。我用繩索捆綁你，使你不能輾轉，直等到滿了困城的日子」。

我終于真正瞭解舊約先知書，直至我在時代的攷驗中，看清楚了人類的困境和厄運。

在我們的時代，每個基督徒都可以重新從先知的信息和榜樣中找到我們的路向。

有些基督徒專心致力於建立人間的天國，而從未曾真正瞭解天國的意義。只有當人接受基督的救贖，讓基督在他的生命中掌權，天國才能在他心裏建立起來。天國的

NO. 7

顛覆是屬靈的，絕不是物質的，也不是人搞革命，或謀社會福利可以實現的。然而另一方面，跟著基督徒追求天國的方式，也是同樣不能合神的旨意啊！這些基督徒的閉門主義有深有淺，最深的那一群可能不是只滿足於天堂的對象，因為他們完全只為自己圈子，以外的人來往。較淺的也把自己圍困在教會圍牆裏面，而與社會不甚發生什麼深入的關係。教會與社會在質上固然應該有別，但是不與社會發生深入的關係，就以這種質的分別，又是否因此而能影響社會呢？或從聖經使徒和主耶穌身上，找不到這樣的教訓。基督徒漠視社會的罪惡與黑暗，不採取積極的行動，這已夠令人痛心了，而更使人哀嘆的是這種態度竟被標榜為「屬靈」，似乎「屬靈」的定義限於神以及追求個人靈命與基督聯合。

未完

20X25＝500

事实上，假如我们的生命真的与基督联合，我们就会摸到祂爱世人的心：祂在世上的时候，怎样以悲悯的心情爱那广大的失迷的群众，祂怎样爱每一个有需要的个人，爱文化的全人，祂怎样为被社会唾弃的不良分子做朋友……

上面我提到「先知的教育」，而不是，我提到基督的降世为人，其中「教育」的含义更使我惊异！神可以用很多别的方法拯救世人，但祂却选择投入充满罪恶的[illegible]的人间，跟世人在一起，与他同时代的人的困境连在一起！！！我们如何能完全领悟「The Incarnation」的奥秘？可是我们若不尝试体会一点，我们根本谈不上什么属灵了。

前两个月我看了法国平信徒神学家[illegible]社会学家（J. Ellul）的著作："The Presence of the Kingdom"。（由于他的三本研究现代社会问题的书，[illegible]最近要[illegible]起来。这三本书的英译本为："The Technological Society"，

原稿紙　第　頁

NO. 8

"Propaganda"，"The Political Illusion"），這本書在開始看的時候，只像一本很平常的表論文，可是繼續看下去，我被他深入研究和徹底剖析的人的見解吸住了，而他對現代社會各種層面的分析和辯證令人嘆絕。他的神學是最實際的神學，而我們每天過的生活息息相關，就以他對傳播者的透視為例吧，讓我舉出下面的一小段：

「只有當我們真正瞭解同時代的人的處境，當我們聽到了他們悲苦的呼喊，只有當我們明白了為什麼他們不肯接受我們所傳的這些支離破碎的福音，當我們分擔了他們的痛苦，肉體和良性的，在他們絕望和被遺棄的情況之中，當我們與自己的同胞以及與普世的教會真正成為一體，像摩西和耶利米與他們的同胞成為了一體，像耶穌與那流離失喪、如同羊沒有牧人的群眾打成一片，然後我們就可以宣講神的道。可是那到這地步之前，我們无法宣講。

當我們確定了援助是基督徒的本份這个大前題，我們就會發現援助的路向有很多，視乎所處的時代、環境，及神對我們的要求。可惜太多基督徒未沒有想過這个問題，或者只會盲目跟從人的教訓，而沒有用心把聖經的真理研究清楚。有些人也許認為神所託付的是屬靈的託負，像我那位韓國的弟兄，但每一个基督徒都无法逃避神託負我們對社會的責任。

半年前我從新加坡回到香港，經過一年多時間的工作，歌舞、燈光，只有摩登繁華。可是我竟回到了一个錯誤的地方。不多久我便哭了，每日報上的新聞和我週遭發生的事令人絞痛。不止我多麼討厭、多麼不能適應這个城市，它到底是我生長的地方，而我現在回來了，正是它墮落、蹂躪的當兒。我推卸不掉我的責任，儘管我有時軟弱。我還有一管毛筆。於是我寫了「我能知道城中做什麼？」，「城中的死亡」，「他們也有哀號」。

「不夠的呼喊」。光是人的基督徒呼籲還是不夠，要直接向社會挑戰。於是我向本地兩家最大的報紙投了兩封信，一封中文的對本地有文化地位的中文報紙刊登極其低級趣味的電影廣告提出批判，說如此廣告本身就是一種色情犯罪，直接間接助長了青少年犯罪的傾向。第二封英文信關於當時本地爭辯得十分熱烈的廢除死刑問題，就基督教倫理學的觀點，提出見解。兩封信都沒有被刊登。

關於第一封我早就想到不會有結果的，因為那一家商業報紙會真地為了正義和文化道德而得罪自己的大顧客，犧牲龐大的收入？！關於第二封沒有被刊登，我百思不解，因為再有不少教徒就宗教立場發表意見，也刊登出來了。只有一点是沒有別人說過的，那就是我曾批判贊成廢除死刑者基本的哲學論点是一個已過時的十九世紀人道主義的論点（他們以為人類現在已經進化文明，道德進化進步，不應再保持古老、野蠻的死刑了），而那位外國老編很可能就是這樣的一個人道主義者吧。

我無話說了，算了，浪費時間！

不，還有兩聲音又說，基督徒應該聯合起來辦一份有水準的刊物，在社會中發出基督精神的聲音。我們不是可以藉這份刊物給迷失的青年指示方向，建立正確的價值觀，只有在耶穌基督裏找到的。我們不只可以因這一本書使他們建立個人美德，輔導他們，基督徒不能再沉默了！

10

四十年九個月前是一次擁有異常有負擔的新鮮妙味就向我撲过來，這种刺激的四年，我猶疑着。我深愛這种事情的幸運有多么大。可是大眾面的声音继續催逼，我就沒有选擇的餘地。就這樣，我們「在我們能力範圍之內盡量負起先知的使命」。

宣告上訴的審判更慘惻，在社會伸張正义，挺身入苦難的世界——時代的政治不容許我們过安逸自適的日子了。

五七．五．廿五

一生的縮影

選自——巴士・渡輪（四）

這裏是一個袖珍的社會，五分鐘的航程是一生的縮影。

哨子一響，岸上的水手把繩索拋出去，船上的水手把繩索接過來，船頭的馬達就發動了。渡輪毫不猶豫地向着對岸的目的地直駛，只見兩邊船身激起細緻的浪花，海洋在船的衝擊下柔順地讓出一條路來。

渡輪的二等艙總是坐得滿滿的，兩邊也站滿了人。只有五分鐘，很少人想到五分鐘也是人生的一段歷程。

五分鐘——還不到抽完一根香煙的時間；對很多人來説，就讓這五分鐘成為空白，不用思想，不用感覺，不用動腦筋，不用動情感……五分鐘在人生旅程中算得了什麼？

然而對其他的人來説，這五分鐘也還要活得很緊湊。抱着小嬰孩的母親連一分鐘也沒有將視線從小生命身上移開；捧着《會考指南》的小學六年級生、中學五年級生，都以為多背一分鐘的生字，就能夠提高考試的成績；互相依偎着的情侶對周圍的人羣視而不見，在愛河裏每一分鐘都像永恒一樣長。還有那勤勞的婦女利用五分鐘來增長她手上的毛線衣，那成功的商人利用五分鐘來思考新的經營計畫。手上拿着書的總會翻開看兩頁，手上拿着報紙的更津津有味地享受他們每日的精神食糧。還有那推着腳踏車送貨的、提着行李趕往機場的。

這裏是一個袖珍的社會，五分鐘的航程是一生的縮影。

每次在渡輪上，我總楞楞地想：到底有誰會把五分鐘的航程看得認真？然而在浩瀚宇宙的運程中，幾十年的人生不也僅是一次短速的航行嗎？

Row, row, row your boat,
Gently down the stream,
Merrily, merrily, merrily, merrily,
Life is but a dream.

不曉得為什麼古今中外，人們總愛把人生跟航行聯想在一起？是海上風雲變幻不定，而且隨時埋伏着暗礁？是旅人在洶湧的波濤中顛簸困乏，心驚膽跳，迫切地渴望駛進可安息的港口？是船隻飄搖在茫茫大洋中，實在需要一位舵手，指引方向，堅定不移地向目的地前進？

這風平浪靜的維多利亞海港似乎不會發生什麼問題；可是，萬一天氣驟變，凌厲詭譎的颱風小姐以風力達一百四十海哩的時速臨到，我們小渡輪上的世界會起怎樣的變化？抱着嬰孩的母親會怎樣保護她的寶貝？愛河中的情侶會怎樣保護他的愛人？會考生還會念念不忘他的考試嗎？勤勞的婦女要把最後一行毛線編完嗎？成功的商人還有辦法實現他的計畫嗎？讀着報的、抽着煙的、腦中一片空白的，到了這個關頭，大家的反應會怎麼樣？會發揮互助犧牲的精神嗎？會關心自己永恆的生命嗎？

楞楞的想着，一聲哨子把我驚醒，水手把繩索往岸上一拋，四周的人潮把我擠着，於是又暫時結束了這次航程。

我們應有的政治意識

海外中國基督徒知識分子必須正視的現實

二十多年來海外的華人過着「苟且偷安」的日子。今天我們卻受到空前的震盪，已經沒有「麻木下去」的權利了。時至今天，若僅僅感情用事的發泄筆端凝聚的鄉愁，已經引不起作用；甚至高喊着「準備自己回大陸傳福音」的口號，也只有分外反映出內心的徬徨。

我們何幸又何悲在這大時代中生為中國人。

（假如有生長於中國文化背景的中國人要否定自己的民族性，這篇文章不是為他們寫的。他們必須對歷史負責任，而現實的狂瀾也將迫使他們正視自己所作的選擇。）

經過了一百多年含羞茹辱，當我們正為着自己的民族今日的地位與成就昂首微笑，我們卻受到另一種憂傷的重壓。中國必定會再成為統一的國家——今天的局勢已經擺得明白。

我們能否接受大陸政權所支持的主義；我們基本的政治觀是什麼；我們若要在這種主義之下生活，如何能持守自己的信仰，又如何能把福音傳出去——這些都是每一個在北美的中國基督徒要正視的現實。

從來沒有一種哲學、一種理想像共產主義那樣，對基督徒的信仰發出如此強勁的挑戰，因為兩者都在「絕對」的層次上打出它們的旗幟。事實上，中國共產主義的挑戰也絕不限以中國人為對象的。今天有這樣一種的說法：「毛澤東並不在那裏（意指中國）；毛澤東隨處皆在，他的思想已遍布世界每一角落，深入每一個人的心。」面對這樣的挑戰，基督徒可以繼續閉上眼睛、塞住耳朵，把自己關在實驗室裏面嗎？

這篇文章要討論的題目，牽涉的內容廣，可是為了篇幅關係，只能提綱挈領的提出一些問題來讓大家思想、研究。

基督徒對政治的錯誤態度

1 不少基督徒不問政治、不問國事，以為教會是屬靈的團體，基督徒聚在一起，只宜有「屬靈」的交通，談政治是不「屬靈」的。有讀者對「輔助中心」一欄談政治問題表示反感。我願意很坦直又很誠懇的説：假如耶穌基督也是這麼「屬靈」的話，祂根本就不會離開天上屬靈的團體，來到世界拯救罪人了。祂不但自己投身進入這個污濁的漩渦，而且最後為門徒禱告的時候，還給他們定下清楚的原則：「我不求你叫他們離開世界，只求你保守他們脱離那惡者。」

2 這些基督徒不但在理論上認為談政治是不屬靈的，而且在行動上也缺乏改良社會的熱情、犧牲精神和勇氣。這正是共產主義的門徒所以非議基督徒的地方，也正是他們在實際表現上往往勝過基督徒之處。面對着他們為國為民可歌可泣的事蹟，我們怎能不汗顏，又何以啟齒把福音傳給他們?!

3 又有不少基督徒過分主觀的反共，以致被人誤認站在資本主義的一邊。假如我們不分皂白的痛罵共產黨政權為「魔鬼的化身」，我們是否在暗示實行資本主義的「自由」國家就是「神的使者」呢？在基督教的宣教運動中，最不幸的就是被認同為資本主義的工具這件事了。所產生的破壞要比共產政權的迫害大得多了。

4 一般基督徒的政治意識貧乏得可憐。當然有很多情形也是環境使然的，過去沒有機會培植政治意識，而一旦受到各種宣傳的衝擊，便茫然不知所從了。甚至許多已成年的研究生，還懷疑「研究中國問題」到底有沒有什麼不對。今天我們不但要研究，還要從正反兩方面去分析，更要嘗試讀馬、列、毛等原著，及中國大陸出版的書刊，以求得到「一手」的資料（所謂source books）。「二手」的知識很容易使我們受到別人的影響。固然不是每個人都有獨立思想及分析的能力，然而這正是基督徒所須要培養的。

5 基督徒往往只着重看那些有關教會受逼迫的書籍，如《在風雨中的教會》、《為主受苦》等，而沒有客觀的找出過去宣教工作及教會失敗的地方及其因素，作為鑑戒。

基督徒基本的政治觀

1 基督徒固然應關心國事及推動社會改革，但同時必須清楚一個屬靈的原則：就是不能把基督的國度與政治混淆，這是耶穌在世上的時候努力澄清的一點。（連祂的門徒也對「彌賽亞」的國度有誤解）耶穌對彼拉多說的一句話很清晰的把這個屬靈原則講個明白：「我的國不屬這世界。」基督徒必須了解天國不是物質的，也不在人間。只有當人把主權交還給神，天國才能建立。因此基督徒首要的任務是帶領人離開罪惡、歸回基督。也只有這樣解決社會基本的問題。本末先後要弄清楚。基督徒既有這種獨特的身分與任務，就要堅持政教分開，不能與任何一種政權認同，或倚靠任何政權把天國建立。這世界暫時伏在「那惡者」手下，我們「如同羊進入狼羣」一般生活着，而同時又要發揮「光」和「鹽」的作用。我深深了解到在這大前提之下，基督徒會面對實際上的困難，可是我們只能堅持聖經的原則，而相信碰到什麼情形神也會給我們智慧和力量。

2

我們必須認清一切「主義」後面的哲學觀念。譬如說：共產主義固然是「唯物」的，資本主義也是「唯物」的。它們雖然循着不同的途徑去達到不同的目標，但基本的價值觀超不出物質的範圍。事實上，在資本主義的社會裏，物質的價值更被誇張，人更「物質化」；而基督徒若不小心，也很容易像別人一樣，以物質取代了神的地位。又譬如說：在共產主義的社會，個人自由是被否定的；可是在所謂「自由世界」裏面，尤其在一些「特別自由」的社會，如香港、美國，自由被濫用，以致人性裏頭壞的傾向不受約束，少數人濫用暴力的自由，使大多數人生活上的自由受到嚴重的威脅。另一方面，假如有人受到共產黨理想的吸引，(特別從民族主義的觀點出發，我們的熱情是多麼容易被煽動起來啊！) 他們也必須了解共產主義基本的哲學與基督教基本的神學是有很大的差距的——儘管在表面的層次它們也有些相當接近的地方。

3

基督徒無法接受共產主義基本的哲學：

（一）共產主義建立於唯物論上，只有物質才有客觀的真實存在，因此也就引到無神論及否定一切精神（或作屬靈）的價值。

（二）基督教雖然承認物質世界是真實的，但不以物質世界為人生最終的目的。人有永恆的生命，因此須要與神恢復正常的關係。人生的目的決不僅在於追求豐衣足食，即使全世界人的衣、食、住等問題都圓滿解決，也不能解決人基本的問題。「人人有飯吃」固然是很重要，但是假如壯烈的革命行動、英勇的犧牲最終僅是為了使每個人吃得飽，我們不能不產生疑問了。

（三）基督教的經濟觀付諸實行就出現「共產」的局面。在使徒時代我們就看到「公社」的出現。從《舊約》的倫理制度也看到公義的神一再禁止剝削。《新約》的倫理也提倡勞動的神聖。甚至《人民日報》的社論也曾引用保羅的名言作為社會主義的原則：「若有人不肯作工，就不可喫飯。」（帖後三：10）然而基督徒這種「共產」的經濟觀卻是出於自發，而非強迫遵從的。

（四）基督徒不能同意「階級鬥爭」，而這是共產黨員最強調，也是他們實現理想唯一的途徑。基督徒和共產黨員都盼望最終達到「無產階級的社會」，但兩者所循之途則截然不同。毛澤東清楚的指出「博愛」是不可能的，只有鬥爭——愛你的同志，恨你的敵人。可是耶穌基督給我們最高的倫理準則卻是「愛你的仇敵」。

（五）從「階級鬥爭」的理論，也可看到共產主義本身的理想與實際之間的差距，同時看出他們對人性的估價是不現實的。根據他們的理論，人類鬥爭歷史是經過奴隸——封建制度——資產制度——社會主義制度——最後抵達共產主義天堂的。目前是社會主義過渡的時期，資產階級逐漸會被推翻，共產主義還未完全實現，因此這是「無產階級專政」的時代，特別注重階級鬥爭。根據他們說，還不曉得要過幾百、幾千年才能實現共產主義的天堂，因為資產階級很頑梗，又會搖身一變成為「修正主義者」。這樣說來，不但「天堂」是渺無可期的幻想，而且假如共產黨員不承認「原罪」的說法，又如何去解釋這些「修正主義者」的心理呢？（Solzhenitsyn在"Cancer Ward"一書中就曾針對人的罪性，寫出他的看法：生產方式的改變並沒有消滅人性的自私與貪婪。）假如我們的眼睛是「雪亮」的，就可以看出在「理想」和「主義」的後面，不過是權力的鬥爭。

（六）馬克思主義基本的命題，認為人類社會的發展和歷史的演變，完全是由於經濟因素決定的。這種經濟定命論不但證實了馬克思對人性估計錯誤，而且也跟聖經所啟示的歷史觀相違。基督徒始終相信上帝掌管着歷史，我們現在及最終的盼望乃在基督的救贖。

（七）共產主義否定個人的價值，而基督教卻肯定人的價值。

基督徒必須了解生活在共產中國的意義

多年來基督徒唱着「等待大陸的門開放」的老調，現在中共展開外交攻勢，大陸的門真是逐漸「開」了，可是基督徒準備好進去嗎？我們可了解生活在今日的中國大陸到底是怎樣子的嗎？要傳福音又怎樣傳呢？

1 海外的自然科學技術人才要回到祖國去定會受到歡迎，可是他們必須準備接受思想的再造，及放棄優越感與一貫的生活方式。讀人文科學的知識分子就不太有希望了，因此這些人所學的不但對今日的中國沒有貢獻，而且，反而產生「腐化作用」。（記得無產階級文化大革命就是從文學、藝術這些領域鬥起的。）

2 「知識分子」是社會主義國家的眼中釘，因為屬於某一種階級，在階級鬥爭中是要被鬥的。除非他們肯接受貧下中農及工人階級的領導，否則是「不能對國家有所貢獻的」。

3 「文革」以來推行的教育制度，倒最值得我們重視。毛澤東有意打破傳統士大夫階級觀念，並發動全國人民參加生產。腦袋與身體勞動之間的分別要縮小：知識分子要定期「下放」到農村、工廠及軍隊中間學習、勞動。他說過要看知識分子是否也是積極革命分子，就是看他是否樂意成為勞動分子。同時「正式教育」的時間也縮短了；中學生是否有資格升學，就要看他在下放幾年間的表現。這個教育制度固然很具改革性（也不免有其弊病），不過主要問題還在於海外的知識分子，是否準備接受這個制度，也要看他們的體魄，和刻苦耐勞的精神。

4 傳福音方面要完全脱離傳統的方法。首先必須要了解在唯物辯證論及無神論教育出來年青一代的思想，要生活在他們中間，得到他們的信任，叫他們佩服。傳統的教會形式及佈道會等再也行不通的了；唯一可能的是與羣眾一起勞動的時候，向他們作見證，而這見證必須能跟生活及行動配合起來。在當前的情勢之下，傳福音只能以個人的身分去進行，任何的組織與機構都不會被接納。一位從大陸出來的弟兄這樣說：「向大陸傳福音只有兩個可能性，一是『天上的』——藉着廣播；一是『地下的』——地下教會不但保持了自己的信仰，而且也能帶領人信主。聖靈的工作並沒有離開中國大陸。」

5 基督徒生活在大陸的政權之下，最大的難題是效忠的問題。一九六八年春（文革後期）在大陸發起了「三忠運動」：永遠忠於毛主席、永遠忠於毛主席的思想及永遠忠於毛主席革命的路線。今天在大陸高舉的還不是毛澤東這個人，而是毛澤東的思想。基督徒若發現這與自己信仰的真理有衝突，而表現得不夠「紅」的話，當然會多方被貶抑或受到逼迫。

觀看周恩來回來推行的「新修正主義」路線，大陸對外愈來愈開放，對內也可能會給人民更多的宗教自由；甚至說不定整個中國局面會有很大的變化——畢竟歷史是掌握在神手中的。可是無論如何，基督徒必須隨時準備生活在共產政權之下。若中國統一了，許多基督徒會被遣散到全國各地，特別是邊疆地區，而福音就要跟着他們的腳蹤傳開。海外受過許多造就的基督徒，特別是具備了條件的人才，能否有人以初期宣教士的精神，不怕艱辛、危險，選上祖國廣大的地土為工場?!有志者好好鍛煉自己吧。大陸的門已經開放了！

一九七三年三月七日

大江東去

喪禮進行曲的節奏總是那樣緩慢、沉重，在這億萬人注目的國喪喪禮裏，所奏的音樂聽來比平常更緩慢、更沉重。想到這偉大政治家一生的年歲——一八九八年至一九七六年，和他所代表的許多事物，我知道這首喪禮進行曲不僅是為着他一人而奏，也是為着他所代表的中國那一代的英雄人物而奏。

我們坐在電視機前觀看喪禮儀式——我們，這些海外華僑，在茶餘飯後，疊着雙手，透過熒光幕觀看本與我們息息相關的國喪儀式，還有比這更悲哀、更矛盾的事嗎？我們的臂上沒有繫上黑紗，我們的臉面也沒有淚泗橫流，我們更沒有機會匍匐着去奔喪，然而我們才是真正的孤哀子——被遺棄的孤哀子。能夠心有所依、愛有所託，能夠擁有值得奉獻的祭壇，能夠在應該痛哭的時候痛哭，才是幸福的；而我們，誰曾教我們如何去表達愛國之情、思國之懷？山海關、玉門關、泰山、華山、黃河、長江，都只是地理課程的名詞，誰曾教我們以怎樣溫柔的激情去愛自己的國土？

喪禮進行曲重複又重複地悲鳴，熒光幕上出現長長的弔唁行列，都是當今國內的政要人物，也幾乎都是歷史上的人物。我看到第一個出現的是一個老態龍鍾、步履維艱的老年人，他的名字是顯赫的，他曾在許多戰役中率領過無數軍兵。可是如今他的背已佝僂，體力逐日衰退。接着我又看到國父的遺孀，由兩個女官員攙扶着，走在死者的遺孀面前，向她親熱地致慰。我訝異她的出現，我更訝異她的美麗——那種只屬於最不平凡的女性，而在八十高齡仍能光芒輝耀的美。

一個個熟稔的名字傳入我耳中，而我發現他們幾乎都是滿頭霜白的老年人了。我凝視着死者的遺體，我想到去年逝世的另一位顯赫的中國歷史人物，想到另一次的國喪，我的胸際遂升起不可遏止的悲歎。

中國現代史的前半部將要結束，因為那一代要完全過去了！然而將要寫成歷史下半部的會是怎樣的人？快將逝去的一代，不管歷史對他們客觀的評價如何，最低限度他們都曾熱愛過中國。為了國家，他們曾甘願擲頭顱、灑熱血。他們經過武昌起義、北伐、抗戰；他們曾奮力與侵略中國的列強對抗，鞠躬盡瘁為建立現代中國而努力。他們孕育於祖國的懷抱、根植於祖國的泥土、發芽於祖國的文化，將自己的每一滴汗、每一滴血，為祖國結出果實。不管怎樣，他們都曾為着自己的理想獻上一生。

然而中國新的一代如何？——不管是生長於中國大陸、大陸對岸的寶島，抑是四散海外的。他們在安逸中長大，會不會也在安逸中失落？他們除了羡慕物質享受之外，會不會有更高的理想？他們對祖國的文化歷史認識有多少，又會不會為祖國的文化歷史塗上更輝煌的一頁？

逝者已矣，前一代遲早會被時間的浪潮沖去，在亂石穿空，驚濤拍岸之際，我們繫念的，是在另一個浪潮捲來之前，後一代會留下什麼值得記念的痕跡。

一九七六年二月（周恩來喪禮之後）

我們唯一的出路——
簡樸生活

時代背景

香港開埠前，英國看中這天然良港，深被那地貌豐富的濱海丘陵地形吸引。

殖民時期發展成轉口港，到七十年代已成金融中心。

當經濟瘋狂發展，人口與資源失衡，城市內外環境與本質都受到污染。

1972.10　基督教以馬內利會施應元教士向港督提交一份《香港貪污調查報告》，揭露公職人員貪污受賄的大量事實，差不多每一機構都有貪污，當時警察部門每年從黃、賭、毒所獲得的賄金多達十億元。

我們唯一的出路——

簡樸生活

大眾着眼於經濟發展、物質享受，全面擁抱資本主義、消費主義。

1973.1　香港股票市場日趨活躍，參加交易的市民多達三十萬人，每日皆有新股上市或發行，恒生指數由前一年的三百多點，升至近一千點，然後又急跌至二百點以下，廣大股民損失慘重。

一些人擔憂着營養太超過致膽固醇過高；聯合國發表報告，
估計在未來十年會有五千萬人餓死……

地球資源本來足夠公平分配，
可惜人類的貪念和自私演變成今日絕對貧富懸殊的現象！

早在兩千年前，耶穌基督就提出另一種生活方式以抗衡整個世俗化的趨向：
「……不要為生命憂慮，吃什麼、喝什麼，為身體憂慮穿什麼。……
你們要先求他的國和他的義，這些東西都要加給你們了。」

當世界超過半數人口都在飢餓邊緣，過簡樸生活要成為基督徒的義務和責任。
只有「主動貧窮」，樂意與人平等分享的精神才能徹底解決問題。

沒有巴士行駛的路上

選自——巴士·渡輪（三）

好久以來我渴望走在沒有巴士行駛的路上。

自從「小巴」擴大他們的服務，闖進許多沒有「大巴」行走的地區，我們行人僅有的幾分寧靜真的所餘無幾了。巴士噴出來的濁氣快要使我們窒息，那粗魯的馬達聲構成的「污染」使我們脆弱的神經瀕於崩潰！

可悲的現代文明的犧牲品！可憐的作繭自縛的動物，我們煞費心思為自己發明了代步的工具，我們為那在柏油路上飛馳的巨型機器感到無比驕傲；可是漸漸地、漸漸地，我們的精神生活愈來愈受威脅，許多寶貴的事物都被剝奪，我們驚覺為「方便」付出的代價太慘重了。

好久以來，我不斷渴想走在沒有巴士行駛的路上。每天我來往於一個巴士站與另一個巴士站之間，馬達聲的頻率與車身動盪的顛簸已像電算機資料一樣儲存於我的腦神經系統。每天我機械地掏出三毛錢放入收費機，聽着「嘀咯」的一聲，便走到車子後邊，我身體各部的神經順着車子的顛簸機械地產生反應。我的前後左右是一張張沒有表情的面孔，玻璃窗外倒退的是一幢幢沒有靈魂的建築物。有時，在巴士站看着周圍候車的人，或是巴士上注視那許多漠然的面孔，我會孤單得泫然淚下。

於是我更渴想走在沒有巴士行駛的路上。在那裏我突然發現鳳凰木開始長出新綠了。那些細長的葉子隨着婀娜多姿的枝條伸延到路中心，枝椏之間隱約可見小小的花蕾，我知道當夏天來臨的時候，它們會吐出火焰般的花朵，使整棵樹木燃燒起來。怪不得中學時代上生物課，老師告訴我們那種樹號稱"Flame of the Forest"。

掉在地上一片片枯乾的葉子是褪下來的胎衣，新的生命已在享受春霧的滋潤。嫵媚的紫荊從許多個院子探出頭來，而在較低的草坡上，杜鵑為這一季盡獻僅有的青春。

走在沒有巴士行駛的路上，生物老師的叮嚀在耳邊重響：「當你與大自然接觸時，要睜大你的眼睛，豎起你的耳朵。你會發現不盡生命的奧祕，讚歎不盡造物的奇工。」什麼時候我墮落了，再也認不出樹木花草的特徵，再也說不出樹木花草的名字。

走在沒有巴士行駛也沒有別的行人的路上，我童心回復，像個小女孩般用輕盈步伐從一棵樹滑到另一棵樹，佇立在鳳凰木和英雄樹底下，數算將要開出的花朵，或躲在白蘭樹的蔭下，吮吸微風吹過時的清香。一個長尾巴、黑底帶彩藍羽毛的影子掠過，我張開嘴巴驚呼："Magpie"——那是以前在山上窺鳥時，老師指點過的。

喲！在沒有巴士行駛的路上，不但肺葉清除了廢氣，心靈也滌靜了。生命變得如此充實、完美、歡暢。

多樣貌的城市生活

中學時代，我狂熱地崇拜陶淵明式的田園生活。「方宅十餘畝，草屋八九間，榆柳蔭後簷，桃李羅堂前，曖曖遠人村，依依墟里烟……」的意境構成了我理想世界的典範。每日被困於鋼筋水泥的建築物，輾轉於塵埃噪音中，我渴想有一天能像陶淵明在得到「解放」後那樣吟哦道：「久在樊籠裏，復得返自然。」

天性帶有濃濃的羅曼蒂克的傾向，一旦接觸到十九世紀英國浪漫派詩人的作品，我就整個地投入其中，產生無保留的共鳴。多少年來，我迷戀着「湖區」——那永遠被浪漫詩人的靈氣縈繞着的湖山、沼澤、森林。……在我的腦海裏，一幅「純美」的圖畫就是隱藏在湖山之間的謐寧的鄉村圖畫：田野、農舍、小牧場、石頭砌成的矮牆、常春藤攀繞着的木窗框。……我自命為大自然的熱愛者，與浪漫詩人華茲華斯（Wordsworth）、柯拉雷基

(Coleridge)一樣追求達到心靈與宇宙同契合的境界。我厭煩、恨惡城市一切人為的虛假和罪惡，跟着雪萊(Shelley)狂妄地呼喊：「地獄就是像倫敦這樣的一個城市！」

隱居鄉間的夢想沒有實現，而長時期在城市工作、生活，卻培養出對城市的欣賞和感情來。不錯，伊甸園的樂土已不復可尋，罪惡的城市是人類墮落以後不能避免的夢魘，然而我既為人類一分子，也必須擔承起人類罪惡的後果。我必須以投入、委身的態度去經歷人生百態。

當我一旦「投入」了城市生活，我就發現另一種美——一種經過墮落、經過苦難、經過救贖而產生的美。多年來生活在大城市裏，我愈來愈發現城市不但有其特質，而且有其特質的美。我不但不再想長期隱居，而且根本受不了過分靜止的生活。城市生活的確是那樣多彩多姿。

線條與動感

太多人咒詛這個城市，很少人教我們如何去欣賞所居住的城市。這個城市有着很優美的線條——由現代建築構成的線條。我常常覺得中環市區的線條很能夠滿足我裏面某些美感的要求。仰視五十二層的康樂大廈使你在目眩之餘對高度產生一種美感。高等法庭的圓拱，富麗華酒店頂層凸出的半圓形露台，在長方形中加增了圓的變化。當你一直往市區走過去，那一棟棟宏偉的銀行大廈給你豐盈的滿足；提着公事包、腳步匆促的行人令你具體地知道自己是置身於工作效率很高的社會裏。

架空天橋和地底隧道構成別致的曲線，使這個城市添了起起伏伏的動感。而每次你坐在巴士上穿過那條在海底伸延開去的長長的隊道，兩旁白色的壁燈築起一道發亮的蜿蜒的牆，將你帶進一個離開了日常生活夢幻的境界裏。

藝術文化的享受

晚上，當你乘渡海輪從九龍到香港，對岸那小島上一層層的燈火就是千萬顆鑽石閃爍在漆黑的天幕上。那是璀璨堂皇的仙境，是居住在這個城市的人擁有的一筆無價的財富。

渡輪上，赴晚會的紳士淑女，衣香鬢影，風度翩翩。在船上，你可以發現各種膚色、不同國籍的人士匯集：金色的大耳墜子在黑得發亮的皮膚上搖晃，曳地的沙龍長裙飄着，還有滿臉鬍子、一身補釘衣服的嬉皮士背着背囊在人羣中穿插。你可以很具體地感受到這是一個國際大都市。不錯，樸實、純一的鄉村生活是我們所嚮往的；但是複雜的、多元性的大都會又何嘗不是另一種令人傾倒的境界呢！

踏出渡輪，步向那象徵本地文化中心的大會堂，你的心會雀躍。你想到那天晚上的音樂會，或芭蕾舞，或一齣舞台劇……

是的，若不是生活在這個大都市裏，又怎有機會看到風格新穎的美國尼高拉斯舞劇團演出充滿時代氣息的現代舞蹈，或聽到法國杜魯斯室樂團奏出優雅的大提琴協奏曲，或在現場親身感受到郭美貞如風暴般震撼心弦的指揮！

是的，當你坐在四周鑲嵌隔音板的音樂廳裏，管弦樂器流出來的音樂從四面八方充塞你的耳朵，溢滿你的靈魂；當維也納兒童合唱團站在台上，而一個小男孩輕輕的歌聲也能送達音樂廳每一個角落，你就為我們的音樂廳，我們的大會堂而驕傲。我們的小劇院雖說不上有世界一流的設備，但當你坐在黑鴉鴉的觀眾羣裏，觀賞英國來的劇團上演莎劇《奧賽羅》，或亞瑟·米勒的《推鎖員之死》，或本地的劇團上演張曉風現代的意念劇。當你看到燈光瞬息萬變，各種特技效果出奇制勝，你就不得不從心底讚歎這個城市供給你文化的享受。

是的，在城市裏，你可以看到那麼多的美術展覽：想像力極豐富的兒童畫展、表現年輕人的掙扎與理想的——未成名的青年畫家的作品展覽；你也可以看到已建立國際地位的劉國松的作品——那些玄妙的「圓」，還有張義那些氣勢懾人的巨型雕塑。這些藝術作品，在在都表現出上帝賦予人類奇妙的創作力。儘管人不能創造一顆樹、一道彩虹，但他仍然能夠與創造主同工，透過藝術作品為這個世界增添美。

精神食糧的供應

這個城市的報攤真多，雖然其中的報刊大多是蕪草毒根之類，但亦不乏有分量的、健康的思想產品。你每次放學、下班，經過碼頭或路旁的報攤，總愛駐足瀏覽一番。有那麼多不同類型的刊物給你挑選，總也是一樁快事。

這個城市雖不像其他文化水準更高的城市有所謂的「書城」；或像倫敦，一提起「艦隊街」，就想起出版事業；但它仍有它的出版社、書店。要買文學方面的書，你會馬上想起文藝書屋；要買藝術方面的書，你可以到傳達書屋；要知道有什麼最新出版，或最暢銷的英文書，你不妨到晨衝書店，或香港圖書中心去看看。要借書或找參考資料嗎？到處都有市政局設立的圖書館，還有好幾個國家設立的新聞處及文化協會。

城市是供給精神食糧的地方。要是想起歷史悠久的大英博物館、華盛頓的國立藝術館、巴黎的羅浮宮和「白教堂」後面廣場上林立的畫廊，我們就更加嚮往城市生活了。

生活在城市裏，精神可能比較緊張，可是思想也磨得更為銳利。你可以隨時聽到某名學者的演講，你會常常出席座談會、研討會；或者三兩談得投契的朋友，天南地北的聊一個晚上，談哲學、談政治、談心理分析……真的，在城市裏你有機會碰到更多給你思想上挑戰的人，你有更多思想交流的機會，於是你會感到更加豐盈、更加充實。

昂貴的夜景

大城市的樣貌是多面的，就像綽約多姿的女人，有時盛裝赴宴，濃裝艷抹，令人傾倒；有時在家中換上長褲襯衫，捲起袖子，提起水桶地拖來抹地，那又是另一副可愛的樸實面貌。

在這個大城市裏，經濟豐裕的紳士淑女有他們的去處和消閒方式，一般量入為出的小市民也可以找到他們的去處和消閒方式。

這個城市的夜晚總是那樣充滿魅力，你若有閒情逸致，口袋裏也有足夠的鈔票，可以踏上喜來登酒店的旋轉電梯，直登頂樓餐廳看夜景。當電梯上升，整個城市的燈飾也在你眼前旋轉，你感到目眩，你感到興奮，你的呼吸禁不住緊速起來。踏出電梯，呈現眼前的是一幅幽雅的羅曼蒂克的圖畫。柔和的燭光透過玻璃酒杯在許多張低垂的臉龐上搖晃，富於磁性的電子琴音樂在低低的天花板間盪漾。不錯，這裏的東西是太過昂貴，即使不喝酒，光是一小杯凍檸檬汁就要五塊錢，一小盤下酒的豆子就要十多塊。可是這裏供給你的享受也是很「昂貴」的。當你在靠窗的位子坐下來，整個香港島、維多利亞海峽，和海峽這邊的九龍半島都屬於你的了。千百顆鑽石的閃爍，海裏金光的盪漾，都是屬於你的了。令你薰然醉倒的當然不是鑽石的閃爍和金光的盪漾，而是這個晚上的魅力，人工與自然配合產生的一種逼人的魅力。

平民俱樂部

一般小市民雖不能上喜來登的頂樓付出昂貴的價錢看夜景，但他們亦有自己的天地，更為多彩多姿的天地。試在暑氣剛消、微風送爽的晚上，走到長長的廟街去。兩旁的攤子整齊地排列着，白亮的大光燈大放光芒，照得通明。攤子的貨物各式俱備，應有盡有，兼且廉宜，而逛街買東西的行人擠擁不堪。賣卡式錄音帶的攤子大放歐西流行曲及國語時代曲，氣氛倍增熱鬧。

從廟街的一端走到另一端，你一定會在大笪地駐足下來。這是我們白天的海德公園，晚間的平民俱樂部。一片面積並不大的荒地，草皮給行人踐踏得再也長不出綠來。只有幾棵年代久遠的老樹，還有樹下疏疏落落地點綴着的長椅子。然而這就是這個城市最廉宜、最有韻味的娛樂場所。

這個城市最有本領、最有個性、最富於創作性的藝人，還有各路英雄好漢都集中在這兒了。你可以從比較單調的賣藥攤子看起，什麼專治香港腳、痔瘡、無名腫毒，以及各類奇難雜症，甚至起死回生，還魂有術……賣藥的師傅除了口若懸河，唸唸有詞，還會耍幾段功夫，略顯身手。

舊書攤也具有相當吸引力。從章回武俠小說到新潮文藝小說，從《女性衞生指南》到《周恩來評傳》都有。披着一頭長髮的青春少艾盡翻着《皇冠叢書》出版的《幾度夕陽紅》、《心有千千結》等。不少青年男孩子把臉埋在《未婚男女必備》、《怎樣追求少女》這類的書中。可是這兒的書並不全是通俗的，偶而你會發現一本鄭振鐸著的《瞿秋白血淚史》的真本。

一大羣男人密密地圍攏着的，多半是「賭博示範」。往往一個雙目深陷、下巴乾癟的中年漢子半蹲地上，一副紙牌在他手中就像魔術師的法寶，千變萬化，令人折服。他費盡口舌，一片苦口婆心的，將他從人生經驗換取來的智慧「售賣」給聽眾。除了這些比較「機密」的攤子，還有公開的棋局，看起來真是饒有趣味，而且格調頗高。

別以為大笪地的藝人都是粗線條作風的；瞧，那邊樹下坐着一位穿西裝打領帶的「小生」，旁邊的招牌赫然寫着：「專欄作家暢談人生」。咦，作家公然在街上賣文？原來是《婦女生活》雜誌的《掌相與你》的專欄作家，根據星相學與心理學為人分析個性、預卜將來。

可是最富於娛樂性的還算是兩個露天劇場，一個吸引青年觀眾，另一個則適合中年以上的口味。這邊圍攏了幾十個青年男女，劇場內幾個身手不凡的武生在表演功夫，飛起腿來，不遜色於李小龍。更妙的，場內還有一個小型樂隊，由幾個長髮青年起勁地敲着一些西方敲擊樂器。場內的演員固然起勁，場外的觀眾也起勁地隨着節奏搖擺。

那邊幾棵榕樹底下也圍攏了接近一百名觀眾，多是悠閒地坐着。場內懸着一個橫扁：「曲藝大全」。沒有佈景，也沒有化裝，一男一女清脆的歌聲劃破夜空，二胡的伴奏更增添韻味。的確，他們的唱做絕佳，遠超過電視台一般的粵語流行曲的水準。怪不得我們的中年和老年聽眾聽得如癡如醉，沉緬在過去的美夢中。

城市生活當然有其極醜陋的一面：光是每天上學放學，上班下班，在公共汽車裏擠，就夠我們受的了。空氣和噪音的污染使我們看來憔悴、臉孔拉得長長的。我們都知道自己是在現實生活裏受熬煉的人。我們都是已經從伊甸園中被放逐的，然而，擠在人羣裏，被困在共同的苦難中，也幫助我們更緊密地彼此憐惜，迫使我們更深入地反省苦難的意義。

多様貌的城市生活給我們的生命帶來多元性的深度。

一九七六年《突破》二十一期

我的城市病

選自——巴士‧渡輪（九）

我選擇了這個沒有巴士行走的小島作為度假的地點。這裏的交通工具是我們的雙腿或腳踏車，唯一用以載重的是有輪子的手推車。

同行的淑剛從加拿大回來，她說小時候在這裏長大。「沒有變，長洲沒有變！還是十多年前的老樣子！」她激動地嚷着。其實不能說沒有變：膨脹的人口、不斷興建的新式樓宇、愈漸趨於繁華的生活方式……都是有形無形的暗湧。不過，它的變化在比例上的確算是小的。原來沒有巴士行走會造成那麼大的分別。

那些窄得只夠一輛手推車通過的巷子依舊是那麼窄，兩旁的商店悠閒地敞開，從不擔心會有失事的汽車撞過來。小孩子在街上奔跑、玩耍，毫無顧忌。馬路絕不是「虎口」，在他們的腦海裏也沒有紅燈的信號。在市場，攤販自由自在地擺開攤子，東西隨便放到地上。地上可能有海水的鹹味，卻不會有汽車經過發出污濁的廢氣，不會有許多汽車經過揚起惱人的煙塵……通上山頂也還是那條曲折迂迴的斜坡，那些很陡很長的石級，走得人氣咻咻的，在太陽的曝曬下大量淌汗。然而我們絕不要換別的交通方式，我們寧可走得氣咻咻之後，來到路旁一個古舊的涼亭歇息；我們寧可淌着汗在綠蔭底下駐腳，側耳聽風吹過松樹的濤聲。

習慣了到午夜一時以後才逐漸低沉的車聲，我竟不能適應小島的寧靜。本以為在鄉間度假總應該早點睡的，結果竟是每天晚上失眠。在城市裏，即使關上燈，還是有朦朧的光，因為城市是個不夜天的世界。可是在這裏，一關上燈，馬上給深沉的黑暗吞噬，像墜入無底的坑裏。躺在黑暗中，夜靜得可怕，最微小的聲音都清晰可聞。我的每一根神經都豎起來了，蚊子的嗡嗡固然像轟炸機那樣刺激着我的神經梢，就連木門鏬輕輕的一動也會使我的心臟卜卜地跳。黑暗的房子總有那麼多奇怪的響聲，迫使我盡睜開眼睛，不能入睡。

自是我才知道我的城市病患得多麼深。

抵長洲的第一個晚上天色很清朗，我和淑踏出露台乘涼。抬頭一看，竟是一天星斗，深藍的天幕上，亮着萬萬千千不能數點的繁星。我的眼目一陣暈眩，幾乎站不住腳。我想不起來是多少年前我看過這樣多星的晚空。

「淑，我好久沒見過那麼多星星了！」我像小孩子一樣興奮。我們遂坐下在一張特大的石凳上看星。據靜修院的神父說那是專為卧看星而設的。

「我要躺下來看星。」我請淑讓一讓，伸長身子卧在石凳上。從前唸中學的時候，我家有個天台對着西邊的海，每個夏天晚上我都躺卧着看星。

於是整個穹蒼覆蓋下來，無數的星星在我四周紛紛落下。

「看見那顆很亮的，閃出藍光的星嗎？那是剛生出來的。還有那顆暗淡的、發紅的星，那是快要死滅的。」淑在我耳邊呢喃。「咦，多麼不可思議！

我們現在肉眼看到的光，是很久很久以前一顆星發出來的光呢……」

淑還在呢喃，我卻霍然坐起來了。小時候能夠躺臥看一個晚上的星；現在，太習慣於電流造成的人工的光，這神祕的星空竟給我很大的壓迫感。

我踉蹌地走回房間，為自己的城市症感到很悲哀。

簡樸生活的實踐

訪韓華德伉儷及我的反省

今年年初我來到美國加州的柏克萊，不久就覺察到這裏美國教會一小撮人中間有種復興的現象。他們對跟隨耶穌基督非常認真，對主耶穌的教訓和要求，對教會的種種問題，對自己的生活方式，都持着十分嚴肅的態度。

不久我又聽說他們中間有一個「社會的逃兵」——擁有生物化學博士學位，在愛奧華州立大學當了十幾年教授，後來竟然辭職不幹，「棄甲而逃」，逃到柏克萊過其專心寫作的「嬉皮士」生活。

我國晉代有陶淵明不為五斗米折腰，放棄宦途歸故里，甘願選擇返璞歸真的田園生活；然而二十世紀八零年代在歌頌物質文明的美國，這對不再年輕的中年人到底因何作出這樣的抉擇？從我所聽到他們在教會工作積極的表現，也不像一般嬉皮士行徑；那末，到底是什麼動機驅使他們過這樣的生活？於是我走訪了韓華德和他的妻子真尼（Walter & Ginny Hearn）。

首先用電話和他們作了初步接觸。真尼爽朗熱情的聲音從聽筒另一邊傳來：「和我們一起吃午飯，好嗎？」我倒是很歡迎這項邀請，因為想深入認識他們的日常生活。「不過，」我囁嚅着：「我還有另一位攝影師要一道來呢！」「那就請他也一道和我們用餐吧！」真尼再爽快沒有地回答。結果我的攝影師朋友（他倒是個道地的嬉皮士）毫不客氣地把他妻子也帶去了，這次訪問變成了一個午餐盛會！

起初我以為韓家的房子也和我的攝影師朋友家一樣破破爛爛，我很驚訝地發現他們竟有一幢頗為像樣的房子，佈置得整齊清雅，客廳裏有古老的沙發、一排書架和一架鋼琴。我暗忖一定要記着問問他們這幢房子的來源。

華德和真尼兩人都是牛仔褲工人裝扮，華德該是五十過外的人了，兩鬢斑白，于思滿面，頭髮留長了在後面用橡皮圈紮起來，十足是個「老嬉皮」。真尼略為年輕幾歲，臉上全不施脂粉，也沒有穿戴任何首飾，長長的髮絲從兩旁撥起來紮個馬尾在腦後。華德較為沉靜，甚至有點害羞，講話聲音低沉；真尼個性活潑豪放，心直口快，相當健談。據說她曾當過His Magazine的編輯，目前也在幫忙另一份雜誌——Radix。兩人都擁有一份這個世代罕有的純真、戇直，兩人都和藹可親、平易近人。我和他們一見如故，嘩啦嘩啦地攀談起來，從簡樸生活談到反核子武器、婦解運動、進化論和創造論，還有神學觀點……等等，幾乎忘了我這專業新聞工作者的身分呢。

言歸正傳——「一定有許多人問過您們這個問題，不過為了我們的讀者的緣故，我還是要問問到底華德為什麼會放棄科學研究的生涯，和大學教授的地位、聲望、安全感？」

「這是我們兩個人一起作的決定，」華德給他妻子溫柔的一瞥：「其實我們作這個決定，真尼佔了很重要的因素。」（來自保守教會背景的我，原來只打算訪問華德，這時才發現真尼也必須是我採訪的對象。）

「我是一九七二年正式離開我的職位的，那時我已經四十六歲了。我相信我們的決定絕對不是任何年輕人的衝動，而是經過深思熟慮的。在那個時候最低限度有六個理由驅使我們作出那樣的決定，簡括來說：

「第一、我一向對寫作興趣濃厚，過去十年來我一直為美國科學協會編一份通訊，這是沒有多少人願做的事。我對科學與信仰之間的種種問題極其關切，很希望在這方面多寫。此外，我對其他的論文、小品、甚至詩歌，都躍躍欲試。我愈來愈感到應該用更多時間在寫作上，然而這與我日常的工作有衝突。

「其次，上帝讓我愈來愈嚮往簡樸及完整的生活。太專注於高度專業化的研究會帶來支離破碎，而我希望工作與生活打成一片。我嚮往投身藝術家的行列，而必須將生活簡化到與工作配合。那時候我對《聖經》有關這方面的教訓還沒想得那麼通，只覺得是地球環境所需。

「第三、上帝將我的焦點對準了家庭的需要。我們都知道《聖經》給我們啟示應該是以上帝為至上，家庭次之，職業再其次。但往往由於丈夫職業上的要求，這個次序就給混亂了。我希望能夠和真尼一起並肩作戰，在人生的大目標上攜手邁進。要她進入我的專業裏是不太可能的事，倒不如讓我進入她的專業。

「第四、上帝給我一種感覺，就是我生命裏的一個階段已告結束。

「第五、在我的研究工作上，我也開始質疑，這是否對人類最有貢獻。

「第六、我一直保持了愛冒險、愛嘗試的精神，有勇氣去創新的出路。」

聽完了他的六大點，我忍不住緊追着問：「您說當初您對《聖經》有關簡樸生活的教訓還沒有想得那麼通，那麼現在呢？」

「現在我是通了，」他毫不遲疑地回答。「起初我們只覺得有這種實際需要，因為地球資源有限，人類不能貪得無厭地無節制地消耗。此外，由於我們開始了藝術家的生活，再沒有固定收入了，也不得不過簡樸的生活。可是這些年來透過實踐，我們愈來愈看清楚主耶穌的教訓，祂個人的榜樣更令我們折服。」

「我們認為若是由於遵行上帝的旨意而故意降低生活水準，我們就有福了，那最低限度部分符合了主耶穌所謂『靈裏貧窮的人有福了』的意義，你不可能過着很奢侈的生活而真正認識靈裏貧窮的福氣。」這裏真尼插進來了。

「事業上我們提出了十大論點來提倡基督徒『甘心樂意的貧窮生活』，或作『主動貧窮』，正如我們的主耶穌基督本來富足，卻為我們成了貧窮（〈林後〉八：9）。關於這十大論點，我不要太長篇大論講，你可以唸我們的文章（註）。」

「我們還是講一、兩點吧，不然她如何向讀者交代？」還是作編輯的真尼想得周到。

「嗯，」華德於是沉吟着，「我們以為『主動貧窮』是保持教會復興唯一之途，尤其在今日的世代。主動貧窮給我精神上更大的自由和安全感，正如〈馬太福音〉六章所描寫的。主動貧窮幫助我們與窮人，也就是與大多數的人認同。事實上，在今日世界貧富極其不均的經濟現狀裏，過簡樸生活要成為基督徒的義務、基督徒的責任了。」

（我心底為之一悚。我盡了我的義務、我的責任沒有？當然，我的生活不能算是很奢侈，因為沒有那樣的本錢；從某一個角度而言，我也選擇了主動貧窮；然而簡樸生活不在於你的收入有多少，而在於你用錢的方法。我十分相信，有許多地方我的確可以過得更節省、更簡單、更充實。）

午餐時間到了，我們一起擁進飯廳，華德和真尼則在廚房忙着。忙不到兩分鐘，他們把已煮好的午餐端出來了，是濃濃的雜菜湯，和厚厚的麵包。

「湯是華德煮的，是他的拿手好戲。他清理冰箱的時候，將所有剩下的東西丟進鍋裏一起熬，便熬出這種味道一流、營養豐富的湯來。」真尼誇獎着她的丈夫。

從香港來的我，總以為湯只是第一道菜，隨着還會有主菜，為了表示節省，我說：「請給我小半碗好了，我食量不大，恐怕浪費東西不好。」

我喝了小半碗湯，吃了半片麵包，然後發現那就是當天的午餐了，再沒有什麼主菜，沒有肉，也沒有甜品。原來他們認為美國人吃肉太多了，事實上沒有那樣的必要，也不需要每頓飯都吃肉。他們每個人——包括攝影師夫婦——都喝了兩、三碗湯，吃了一、兩片麵包，只有這個在他們眼中看來「吃得像小鳥一般」的中國女郎正像啞子吃黃蓮，有苦說不出。也好，嚐一嚐「飢腸轆轆」的滋味。

這時他們已經用不着我問問題，滔滔不絕地講述他們實踐簡樸生活的種種體驗，華德和真尼兩個人輪流講，真是一對好搭檔。

註：參 "The Price is Right" in Radix, May 1973; or Fuller Seminary's "Theology News & Notes", Oct. 1975.

「來到柏克萊，第一件要解決的是房子問題。我們工作多年，積蓄是有的，所以付首期沒有問題。問題是以後怎樣向銀行借錢付其餘的。這才真正發現放棄了固定而受人尊敬的職業是多麼冒險的事，需要極大的信心。」

「不過後來銀行到底還是肯借給我們，大概看我們過去的紀錄吧。這種處處要倚靠上帝的生活倒是給我們很大的挑戰，雖然那時我還要供養母親，而華德前妻所生的兩個孩子亦未成人。」

「那時候我們主要收入是靠編輯工作。我繼續編科學協會那份通訊，真尼為Radix修改稿子。我們又一起為好幾家出版社編輯他們所出的書，當然一共加起來收入還是很微薄。不過令真尼最緊張的是我們沒有錢買醫藥保險。她兩年前才開過刀，又有高血壓症。以前在大學裏教書，一直都有團體的廉宜保險，當時是人在福中不知福。現在連最便宜的保險費我們都付不起。」

「說起我們美國的醫藥制度，真令人憤激！那完全是建立在貧富極懸殊的資本主義制度上的。在這裏不買醫藥保險太危險了，有什麼三長兩短，可以令你分文不剩，欠債纍纍。我們現在也在儲蓄一筆保險費。目前嘛，就盡量利用一些慈善機構為貧民辦的免費診所。」

（我在美國半年也沒有買醫藥保險，自知冒很大的險，不過實在不願付那麼昂貴的保險。）

「醫藥保險是省不得的，不過其他許多東西卻可以省——」

「例如我們盡量少到店子裏去，尤其是服裝店。我們也把『潮流』這回事丟在腦後。在柏克萊大家對服裝倒是挺隨便的。」

（在香港則要努力十倍才能克服消費的試探。）

「我們也學會了把廢物『還原』（recycle）。其實沒有什麼是廢物，廚房的垃圾可以放回泥土裏作肥料，一切可以燃燒的東西可以用來生火爐；別人丟掉的東西我們拾起來修理好就可以用。有一次我甚至在一個雜貨店的後巷裏拾到兩個漂亮的番茄、一個洋葱，把污垢稍稍弄掉，就調進當天的午餐裏。這一切都需要我們用點心思，本身就具有教育意義。我們用不着的東西可以存起來，然後搬到還原中心（Recycle Centre）去，重新化作有用的東西。尤其紙張是從樹木來的，不應隨便浪費，現在都提倡要把用過的紙還原。」

「我們很少給我們的孩子買新玩具。我們讓他們發掘創作的樂趣，發揮他們的潛能去改裝舊的東西。」

（我們祖父、父親的一代都深悟廢物利用的道理；我這一代已開始浪費不少東西；我們的下一代簡直是寵壞了。是的，一定得用尖銳的警鐘去敲醒這一代。）

在韓家已待了很久，該再提出幾個問題來結束這段訪問，於是記起了房子的事。

「我早知道你一定會問起房子的事，」華德莞爾而笑。「許多人大概以為我們會在野外搭個草棚，其實那是誤解了我們的原則。

「首先我得告訴你：我們的房子的確買得非常廉宜。若是我們要付出很昂貴的價錢買房子，那也和我們的原則不合。這是一幢古老的房子，屋頂和許多地方都漏水，業主在那個時候正急着要賣出去，便甘願以極便宜的價錢讓給我們。

「我們的家具沒有一樣是新的，不過我們喜歡居室雅潔、寬敞。我們也喜歡高朋滿座，我們的家庭教會常常在這個房子聚會。我們兩人到底出身自中產階層，而我也並不以此為恥。也許對某些和我們同年齡的保守人士而言，我們的行徑有點革命派作風，可是對激進的柏克萊青年來說，我們不但不夠革命性，而且還是小資產階級呢！我自己則覺得這樣恰好，並不富有，也不太貧窮。這不是《舊約・箴言》書智慧者的禱告嗎？」

「我們家裏養的七頭貓也算是一種奢侈，」真尼大笑着插進來。「不過我實在無能為力，我們總不能因為要實踐簡樸生活就把這些活生生的可愛的生命送死……況且，像這頭，又是去年聖誕節自己送上門的，我拒絕不了牠的魅力。……我總認為簡樸生活並不等於把美感和人生樂趣都抹殺。」

（我也同意。有些人蓬首垢面、居室像狗窩，只代表懶惰而已，他們用錢的方式倒是浪費得驚人。）

「讓我再問一個很重要的問題：您們是否認為簡樸生活是每個基督徒都應該過的呢？」

「有些教會人士對我們所作的起反感，有些有錢的基督徒更感到我們對他們的生活方式構成一種威脅、一種譴責。其實我們無意去批評任何人，更無意將我們的選擇套在任何人身上。在職業、前途方面，各人有不同的選擇，上帝是喜歡多種類型的。

「至於每個基督徒是否要過簡樸生活，我們認為他們值得考慮下面幾點：首先，將焦點集中在耶穌基督身上，你自然曉得該過怎樣的生活。其次，公義的問題，當世界超過半數人口都在飢餓邊緣，我們作基督徒的就該想想自己的責任。第三、當今消費主義高漲，物慾橫流，我們既說不效法這個世界，就該想想提倡什麼樣的生活可以產生抗衡作用。第四、我們若是過更節儉的生活，自然可以省下更多金錢來支持上帝的工作。」

「當然，所謂簡樸是有多種層面的，」真尼又搶着插嘴：「每個地方的水準都不一樣，也不必跟別人比較。更不要將這個變成一種新的『守律法』。除非你過得快快樂樂，否則——」

「我看出您們是很快樂的一對，我很羨慕。」

「最後一個問題：這些年來您們達到了當初要寫作的目標嗎？」

華德站起來，指着火爐架上一排琳琅滿目的書：「這五十多本書都經過我們編校，雖則是一種謀生伎倆，但我們亦很高興在別人的創作成果有分。至於我們自己的創作，我寫雜文比較多，真尼則在出版書方面更有天分。她的第一本書："What They Did Right: Reflections on Parents by Their Children" 早已出版；第二本書 "Our Struggle to Serve: The Stories of 18 Evangelical Women" 也剛剛出來了。

「我感到最成功的，是我們當初夢想一起合作的夢已實現。我們一起分擔家務，一起招待客人，一起編輯，一起創作。真尼現在也和我一樣有收入，也一起分擔家庭的費用，她的才幹更能充分地發揮。我感到遺憾的是，教會也和世俗一樣加強男人的自私和驕傲，抑制女人的才華和領導作用。這是我們希望改變的現象。」

真尼甜絲絲地凝視着她的丈夫，她本來不算漂亮的臉變得美極了。

（啊，真尼，幸福的姊妹！您的丈夫才是名副其實的婦女解放者。）

我帶着豐盈的喜樂離開這對可愛的夫婦。見過他們以後，我的生命已起了小小的革命。

一九八零年刊於《校園》二十二卷八期

編者按：

作者一九七九年至八零年初安息年假期間在北美遊學，對基督徒生活方式感觸良多。返港後，她致力推動簡樸生活，寫了一系列有關文章，這訪問是其中一篇，亦是觸發她探討簡樸生活靈感之一。

當機械越來越發達，物質文明越來越發達，

人類的心反受到前所未有的威脅。

機械文明產生的新的社會制度竟成為他的新的桎梏，

總之這些新的制度使他與人性基本要素割離。

中了工作毒

選自——巴士・渡輪（十）

從長洲回來，我寫信給菲律賓的T說：到了鄉村，才曉得自己的城市病患得多麼重。T回信友善地嘲笑我：早就觀察到你中城市毒中得很深。

從小以為自己是個深愛大自然的孩子。也曾自豪地誇口說自己的脈搏與大自然的脈搏同躍動。也曾看輕那些不會聽大自然音樂的「城市人」。記得那一回和幾個青年朋友到大嶼山去郊遊，走到山徑上，兩旁都是松樹，一陣輕風拂來，耳朵就灌滿了松濤。我止住腳步，微笑問他們：聽，是什麼聲音？他們一臉狐疑，豎起耳朵來聽，可是沒聽到什麼。一陣一陣清風拂過，整個山頭都迴響着松濤，我一再促請他們留心傾聽，可是他們始終沒有聽到這美妙的音樂。我對他們的鄙視終於轉為憐憫；試想這些在三合土森林長大的孩子，內耳神經已給飛機、汽車、機器的轟炸，及麻將、電視、收音機的喧囂破壞了、麻木了，又怎能怪他們不懂得分辨風吹過松樹的聲音？

然而幾年來在日趨繁忙的大都市繁忙地工作的結果，我自己的感官系統也經歷了很大的變化。大自然的一切變得遙遠而陌生。有時候幾個月不見星月；而自從有了連貫港九的海底隧道巴士，減少了黃昏時乘渡輪的機會，連在海上看晚霞的樂趣也失去了。

剛來鄉村度假的頭兩天，每一根神經還是旋得緊緊的，無法鬆弛下來。

視野所及，是遼闊的天空和蒼茫的大海，然而我的心靈仍給捆鎖在一百方尺的辦公室裏，腦海裏盡是一千幾百樣瑣屑的小事情。我嘗試在小徑樹蔭下徜徉，然而渾身的肌肉、皮膚都起雞皮疙瘩似的，老不自在，老是想着那些未下筆的書信、那些未完成的稿子、未執行的計畫、未接觸的人、未打的電話……冷氣機的聲音、打字機的聲音、地址機的操作聲和電話的鈴聲已習慣性地在神經系統打好了電碼，即使在一切都靜止了的鄉間，那些電波仍然波動着。唉，我不但中了城市毒，也中了工作毒！

這樣過了兩、三天，旋緊了的發條才逐漸鬆弛下來，心靈從機械的桎梏中得到釋放，全身的細胞遂又對大自然的一切重新敏銳起來。這才重新發現大自然的色彩和聲音是如此豐富，而久違了的景象顯得格外鮮明。

於是我可以忘了時間的坐在海邊的巖石上，從黃昏坐到夜幕低垂，像孩童時代那樣驚訝地、讚嘆地、畏敬地觀看大自然底變化。晚霞的瞬息萬變，疑幻疑真使我着了迷，使我完全沉醉。凭是最巧妙的畫筆，都無法描繪那幾分鐘之間的詭譎幻變。從閒雲野鶴般悠閒的幾抹淡淡的雲彩，逐漸凝聚成一大片一大片銀灰中透着緋紅的雲層，而驟然眼前一眩，萬丈金光刺穿了雲層，劃破海水。然後晚霞在黃昏裏慢慢燃燒，燒成橘紅、暗紅、菸紅，最後在一瞬眼間全部光芒收斂，只剩下天邊炭灰的餘燼。

接着一顆閃金的星在日落之處亮了起來。而不一會頭頂也覆蓋着綴滿星星的黑幕了。此時潮水拍岸聲愈發清晰可聞，萬千昆蟲的鳴叫更充塞天地間。

你可以選擇另一種生活方式

香港人需要新的生活方式。

這個社會給過度揮霍和貪得無厭的物慾腐蝕得發霉、發臭：連我們的年輕人都呈現不健康的臘黃。他們缺乏屬於泥土的，屬於大地的自然、朝氣、和幹勁。人們給金錢和物質奴役得匍匐於地而不自覺，而廣告先生還不斷威逼利誘地將更多奢侈品當作「必需品」向他們推銷。

因此，雖然大多數人盲目跟風、懶於思維；也有些比別人多讀了幾本番書，多賺幾個錢的白領階級更大言不慚地公開倡導「逍遙放任的充裕生活」；但我們「突破人」卻早已洞悉這社會的病態，這時代的危機，而在八零年代毅然向大家提倡另一種生活方式——「簡樸生活」。

簡樸生活意味我們可以主動、自覺地選擇的一種生活方式。

在沒有自由選擇自己生活方式的國家，我們沒辦法談這個；在飢餓、貧窮、落後的國家，他們需要開發、建設、提高生活水平。然而在物質充裕的社會，我們卻要提倡簡樸。

從一個角度來看，這可以說是一種選擇；然而從另一個角度來看，我們若再不選擇簡樸生活，我們就有禍了！科技文明過度的發展已給人們帶來災害，由於人類的自私和驕傲，地球資源已瀕臨用竭，若不快懸崖勒馬，恢復較原始樸實的生活，後果不堪設想呢。

同時我們相信，宇宙的主宰是公義的，祂不但要我們作地球的好管家，也要我們愛護鄰舍。地球資源本來足夠公平分配，供應每個人的需要，可惜人類的貪念和自私演變成今日絕對貧富懸殊的現象（今日在富裕地區普通人的收入比起貧窮地區普通人的收入約是四十五倍）！這種情況不是武力或強制經濟可以解決的，我們深信只有耶穌基督倡導的「自甘貧窮」的自律和樂意與人分享的精神才能徹底解決問題。簡樸生活最低限度略為具體地表明我們願意過較為公平的生活。

簡樸絕非束縛，更非禁慾；也不是醜陋和馬虎。簡樸是不浪費、不糟蹋，簡樸是有節制、有紀律，簡樸是富於創作性，用最少的資源達到最大的效果。簡樸是高境界的美和自由，能帶給我們真正健康、快樂的生活。

我們在香港提倡簡樸生活，既不唱高調，也不走極端。（雖然不同的作者對「簡樸」有不同程度的信念和實踐方式。）我們沒有條件像柏克萊的嬉皮士那樣過極度浪漫的、藝術家形態的生活方式。我們這裏壓力大、競爭強、天天要和生活搏鬥，因此，我們所提倡的生活方式是合乎中庸、落實可行的。

然而，在香港這崇尚鍍金的社會，我們推動簡樸生活，也是夠浪漫的，挺浪漫的……

一九八一年《突破》七十五期「簡樸生活」特輯序言

「簡樸」是「自由」

雖然我是一個喜歡生活多樣化的人，不過一直以來都嚮往比較簡樸而有風味的生活方式；而回想過往人生旅程中令我真正滿足、快樂的時期，正是過着簡樸生活的日子。然而近年來由於健康的惡化，生活變得愈來愈複雜了。加上從事大眾傳播工作，壓力之重往往令生活完全顛倒，失去規律和自由。流連於十里洋場、消費狂熱的香港，不知不覺間跟着潮流轉，自己也真的墮落了。

一旦警覺，反省之餘，開始勉勵自己有些新的嘗試、新的實踐。這些生活點滴正是我在這裏要和讀者分享的。簡樸生活哲學有關社會公義等層面，有另文交代；我在這裏強調的是「簡樸」的美感和自由，正是對生活要求高的人所嚮往的。

你可能從來不知道怎樣可以凌駕於物慾之上、潮流之上、別人的眼光之上，直至你建立了自己一套的生活方式。你可能從來不知道自己擁有那麼多自由，那麼廣大遼闊的天地，你可能不知道自己原來富有得可以和許多人分享你的財產——直至你實踐了簡樸。

我並沒有作出什麼革命性的行動，我只是從生活一些小處着眼。

我無意和潮流完全脱節，引來不必要的異樣眼光。全香港都流行中庸裝的時候，我不會穿上短至膝蓋六吋以上、八年前流行的迷你裙。不過，當我把那條膝蓋六吋以上的迷你裙變為一件上裝，下面襯以相對顏色的長褲子，我已經創造了另一款新裝。

香港人穿衣服，多是沒有主見，流於抄襲和模仿。一般中下階層、小資產階級，既花不起錢，又怕人家説「老套」，於是惶惶不可終日。即使是那些自命不凡、自以為領導潮流的"affluent youth"，也不過是承襲東京、巴黎、紐約的餘波。我從紐約歸來，發覺紐約的人真有創作性，有個性，有格調。他們不要給別人牽着鼻子走，而可笑的是他們一時興到的打扮卻成了全世界模仿的對象。

我們的確不必給潮流牽着鼻子走，我們該有自己的個性、風格、品味。若是我喜歡，我可以隨流；然而我也可以忘了潮流、傲視潮流，不被商人利用，不給廣告伎倆矇騙。

我無意完全否定生活的享受，我本身是個追求美感的人，然而我要肯定自己是否真的在享受生活，抑是受着束縛、受着贅累。譬如説，衣櫥裏的衣物是否太多了——

曾經跟許許多香港人一樣意志非常薄弱，抵不住百貨公司櫥窗的引誘，有空經過的時候總進去逛一下，買了東西回去看着不順眼又後悔。更糟的是明明知道「清貨大減價」是個可笑的陷阱，卻又還是傻裏傻氣地買一大堆既不需要、又不實用的東西，到了換季的時候，對着那一堆快要長霉的衣物發愣，煩得要死！

於是下個決心一年內（甚至兩年內）都不要添置任何不需要的衣物。這種意志的操練蠻有意思的，突然發現可以挺胸昂首地步過百貨公司，頭也不掉一下。今年最流行的冬裝是——Oh, forget it!

衣櫥不再擠得心煩，鞋子嘛，穿破了一雙才買第二雙。唔，好清爽，好省事！其實衣服不必多，有心思，有創作性，天天給別人給自己的感覺都是清新的。

我發現有一種運動是最平民化、消費最低、最簡單、最自由，而又最見效的。我指的是「緩步跑」（jogging）。

雖然jogging已流行多年，甚至快要過氣，我卻絕不是因為別人流行才跟風。

到附近的公園去作緩步跑是最省事不過的，你不用擔心有沒有同伴，或者同伴會不會嫌你的技術太差；你不用張羅去購買一套入流的運動裝、一只名牌網球拍；你也不用擠沙甸般擠在水洩不通的公共汽車上，然後給送到污染程度更高的海水裏去。你只需要一雙結實耐用的運動鞋。

當你一旦練習到呼吸暢順，步伐穩健，跑步便成一種真正的享受了。隨着你那不徐不疾的步履，你追逐陽光、追逐樹影、追逐雲彩。清風刷上你的眉、愛撫你的頰，在你耳邊細語。泥土是你的，青草是你的，你擁有天空和大地。

你體內的血管膨脹，血液激流，生命力充溢，足以應付更多的壓力和挑戰。

又譬如說到中國大陸去旅行吧，我堅持不要跟旅行團去。和趣味相投的朋友組隊，既省錢，又深入民間，更不會給人趕鴨子般趕。事前先研究資料，抵埗後手拿着地圖，什麼地方不可以自己去逛，為什麼要靠導遊？當然你得會講國語，才方便問路，問這問那；不過中國人本來就應學習國語，香港人堅持講廣東話和英語，真是豈有此理！

我們盡量不在旅館的餐廳吃飯，更不要上觀光飯店；我們早上排隊喝豆漿，中午在路旁買些糕餅、乾麵包，或到小吃店、小館子，吃當地人吃的東西，便宜得很，而且味道也挺不錯呢。

交通方面，非不得已，我們不會叫小汽車。我們和當地人一樣擠公車，擠不上就步行。有時候要走很遠的路，可是在有涼意的秋天，「快步走」也是很好的運動呢。在香港實在給太多可以用錢買得到的交通工具寵壞了，在沒有其他交通工具的時候，兩條腿還不是一樣可以效力？

你愈發掘簡樸的樂趣，你愈接近生命的真實，你就不會再嚮往虛浮、奢華的東西。讓別人去羨慕豪華的居所：牆連牆鋪着厚厚的地毯、浴室裏像琉璃般光滑的磁磚、北歐家具、電器化廚房……你卻更滿足於水泥地面上一方素蓆，幾個知己盤膝而坐，沏一壺清茶聊到月落星沉。

自從我重新學習實踐簡樸生活，不但省了時間、省了精神，使心靈的生活豐富起來，而且發現在金錢方面也真正成了富足的人。原來我學了一個小小的祕訣，那就是「遞增十一奉獻法」。我算一算每月大約需用多少錢（實際生活的需要，不算太薄待自己，但也不算奢侈的），從這項基本預算裏抽取十分之一作為捐獻用；假如收入超出了這基本數字，則每五百元增加百分之五的捐獻，即百分之十五、百分之二十、百分之二十五，如此類推。

以前我的捐獻只是一種守律法式的十一奉獻，現在卻運用我的自由大膽地增加了可以與人分享的數目。

實踐簡樸表面上似乎要有更多紀律、約束，事實上一旦摸索到其中祕訣，你就從此獲得大解放，不受金錢、物質、自私的慾望、別人的眼光所奴役。

假如一個不再年輕又長期與病魔搏鬥的人也可以試着翺翔，相信我們年輕力壯的讀者一定會飛沖得更高、更遠、更逍遙。

一九八一年《突破》七十五期

我原來可以像羚羊

巴士‧渡輪（十六）

從超級市場買回來的一盒食品引起我很大的興趣。"All Bran"——紙盒子上用粗體字標明了食品的性質。那是「麥麩」，或稱麥子的外殼，是將麥子磨成細細的麪粉時除掉的那些粗糙的纖維。

丟掉了的東西又給撿回來了，而且還給看成最高貴、最重要的食品（從價錢的昂貴可知）。在「有知識的高尚人家」的早餐桌上，這盒麥麩傲然屹立，將原始的氣息再度帶回受到現代文明污染的城市生活。

我受好奇心的驅使，拿起盒子來細細讀它上面寫着的廣告文字：「近年來科學研究證明若我們每天的食物有足夠的食物纖維，就可減少許多不必要的腸胃毛病。這就是說我們必須吃大量的蔬菜和水果，最好是不除殼的；還有粗糙的麵粉、粗糙的米……麥麩含有最豐富的食物纖維……將麥麩調進白米裏面，可補充先掉的食物纖維……」

我捧着那盒麥麩，不禁啞然失笑。我想起我父親跟我們提到日治時期，沒有白米飯吃，只能吃「紅米」的那些苦日子……我們是白米餵大未經磨練的一代，我們是養尊處優的一代，然而今天卻為着我們這些敏感的腸胃、閉塞的血管、孱弱的四肢而憂慮起來。於是我們用重價去買一些外國進口的「原始」食品，來作補救。

我想到上帝創造的原始食物原來含有足夠的、充分的營養，跟我們身體的結構配合起來正是天衣無縫。我想到幾百年前，在非洲那些沒有白米飯、沒有巧克力、沒有新鮮乳酪蛋糕吃的土人，我腦海中映現他們寬厚的肩膊、結實的肌肉、過人的體力……

捧着那盒麥麩，我的頭抬不起來，羞慚與悲哀使我的心情下墜。

我原來可以像羚羊般在原野奔馳，然而久疏於運動的筋骨不再靈活。雙腳本是用來走路的，然而過重的倚賴性演變成不可救藥的惰性。兩個巴士站的路也要依賴在巴士站等候那遲遲不來的車子。而當巴士遲遲不來的時候也總還有的士可乘。是的，那本該馳騁於原野的羚羊改為馳騁於天橋隧道之間，污濁的油煙代替了清爽的空氣，一棟棟鋼筋水泥的建築物代替了有生命的樹幹和向陽光伸展的枝葉。

現代文明的壓力帶來的是偏頭痛、胃潰瘍、神經衰弱、失眠。在服用過度「止痛丸」、「胃仙U」、鎮靜劑而無效之餘，我們的科學家便回過來研究原始的資源。

於是我們便到超級市場付出重價買回來一些原始的食品。

我們再沒有別的選擇

今年一月當《突破》打出了「簡樸生活」的特輯主題，我曾以「你可以選擇另一種生活方式」為題，勸諭消費狂熱的、不健康的香港人考慮另一種生活方式。經過一年來深入的思考，多層面的觀察採訪，以及加強個人的實踐，我對「簡樸生活」的信念愈是強烈了。今天，我會肯定地說：「簡樸生活是我們唯一的出路。我們再沒有別的選擇！」

前幾期當我們的記者報道一個十五歲男孩竟在一天之內花掉暑期工一個月的薪金五百塊錢（一半用於購買模型跑車及電子計算機，另一半則花費在俗稱「魚蛋檔」的色情場所），大家都震驚得認為難以置信……

踏入八十年代，我們突然驚覺四周冒出了一種「新品種」——十六歲以下的少年人——，他們的服飾、打扮、舉止、行為，而特別是價值觀念、道德觀念，和上幾代的比較，相距得簡直像來自另一個星球的怪物。他們用錢的闊氣，彷彿每個人都是石油國王的兒女；他們對人對事的看法，是既冷酷又狂熱，同時又實際得令人顫抖。然而我們可完全怪他們嗎？他們的父母和長輩正是第二次大戰以後長成的「富裕的一代」，幾千塊錢吃一頓野味也正是這些父母、長輩的所為。

「新品種」令我們害怕嗎？我們若不反省，先改變自己的生活方式，恐怕更大的災禍還在後頭呢。

月前我到大陸旅遊，最扎心的事，是在北京街頭看到三五成羣的青年小伙子，頭髮蓬鬆，衣衫不整、油垢的、長着長指甲的指縫間夾着快要燒盡的煙屁股，彼此之間把一瓶可口可樂傳來傳去。朋友告訴我這些是「待業青年」，沒有機會再唸書，也沒有給分配到工作。全國像這樣的青年數以百萬計，他們暫時靠父母親友得着一口飯吃，胡混着過日子，沒有前途、沒有出路，沒有任何清楚的信念。物質是他們唯一抓得住的真實的東西，而他們會用任何手段去獲得一條牛仔褲、一架收音機、一只手錶。

這一大羣青少年沒有得到適當照顧，國家該負上很大的責任。然而即使受到國家供養、教育的年輕人，他們的反應又怎樣？目前國內正掀起了瘋狂的「出國潮」，知識分子不管是「走前門」、「走後門」，只要找到門路，就拚命往外跑。多少人在外面跑一圈回來，馬上鍍層金，身價百倍；而更多的人千方百計想在國外留下，根本就不要回國。「四個現代化」不過是一塊踏腳石，讓他們離開破爛、落後的祖國，遠渡到黃金美地。

中國到底往何處去？經過這麼多次的「革命」，人民對國家建立起信心沒有？若是領導者不能給人們建立真實意義的人生觀和價值觀，四個現代化所帶來的將是另一場噩夢。西方「先進」國家價值體系的崩潰不正敲響着喪鐘嗎？

而我們，我們這些多有幾個銅臭的「香港人」，卻僅為了擁有「三洋牌」彩色電視機、金石牌電子計算機而沾沾自喜，而視自己比「大陸人」高一等……怎樣的愚昧、可憐……

「簡樸生活」提醒我們思考人生目標、理想、價值、使命這些問題，正是今天中國「失落的一代」最需要的。

去年發生伊朗劫持美國人質事件的時候，《基督教科學箴言報》的社評冒出了尖刻切膚的一句話：「伊朗事件讓我們看到這世界『有』的與『沒有』的人之間的共存是何等脆弱。」

美國一向以超級大國自居，自詡擁有核子武器和尖端科技，自以為可以將區區伊朗小國玩弄掌中，沒想到一樁劫持事件就鬧得天翻地覆，下不了台。「有」的平日極盡奢華逸樂之能事，物慾薰心，一切只想到自己，漠視人間疾苦；「沒有」的反正什麼都沒有，爛命一條，放肆到底，訴諸暴力以發泄心中憤怒。這似乎是比較簡單的方程式，不過是有道理的。

數月前蔓延英國全境的流血暴動，不也是同一個問題嗎？不甘於埋葬貧民窟、不甘於長期被人歧視的有色人種終於選擇以擲土炸彈、打碎玻璃、燒燬車輛來發泄他們不平之感。

許多社會問題在表層底下或許也都是「有」和「沒有」之間的問題。全世界百分之三十的人口卻消耗着全球百分之七十以上的資源；美國一個國家用的石油是全世界人合起來用的兩倍；在香港有高級公務員一人獨佔二千多呎的豪華住宅，也有一家十口擠在不到五十呎的斗室。當一些地區的人擔憂着營養太高會產生膽固醇過多症，聯合國卻發表資料，估計在未來十年會有五千萬人餓死……

有一次全球糧食會議，發表了這樣的宣言：「長期容許飢餓和營養不良存在，無論從道德或社會觀點來看，都是不能接受的，是與人類尊嚴和人類應得平等的機會相違反的，同時也對國際及社會之間的和平構成威脅。」

實踐簡樸生活可能是個人崇高的道德修養、優美的生活情操，然而提倡簡樸生活絕不能停留於此。我們必須嚴肅地思想造物主創造人類的原意，看看人類的尊嚴和均等如何受到破壞。提倡簡樸生活者不能只是躲在自己簡樸的居室中，而必須放眼看看其他的人是否真的過着像「人」的生活。今天的社會是非常複雜的社會，個人與制度之間連鎖的關係幾乎無法分割，因此，要針對這個問題是一場長期的爭戰。

當電腦使用成功，發明家們為這科技的突破興奮得昏了頭，可有想到它將帶來「非人」的後果？

近日當傳播界大肆渲染「電腦圍棋能手」的趣聞，街頭巷尾人人引為佳話，我卻不禁悚然！我們嚮往的圍棋對手不是有血有肉、情意相通的知己朋友，竟是一部方程式機器！在繁複的現代社會，我們愈來愈少時間可以和自己的家人、親友相敍，而我們卻去找尋電腦為伴，或迷頭迷腦地對着副電子遊戲機獨個兒按鈕操作、自得其樂……

另一方面，電視文化帶來的疏離也是同樣可怕。電視將現代人整個生活方式改變；我們透過電視認識世界和其他的人，我們對各種事物和問題的看法也都蒙上了電視觀點的色彩；放學下班，回到家中，第一件事是開電視機，坐下來吃飯，一面吃一面盯着熒光幕；再也看不見父母額上不斷增添的皺紋，聽不見兒子講他的英雄史，感受不到丈夫緊蹙雙眉的憂慮，漠視妻子眼中的淚光……

假如現代過分複雜的物質生活使我們與大自然、與他人和自己隔絕，我們寧願回復真正簡單的生活。其實，捉迷藏、抓魚蝦不是更有樂趣嗎？自己動手做家具不是更有情意嗎？巖石上聽潮音不是更豐富嗎？噫，現代人，救救我們自己吧！

早在兩千年前，耶穌基督就提出另一種生活方式以抗衡整個世俗化的趨向，而今天我們比任何一個時候更需要考慮祂的挑戰。祂對那些容易為五斗米折腰的升斗市民說：

「……不要為生命憂慮，吃什麼、喝什麼，為身體憂慮，穿什麼。生命不勝於飲食麼？身體不勝於衣裳麼？你們看到那天上的飛鳥，也不種、也不收、也不積蓄在倉裏，你們的天父尚且養活牠，你們不比飛鳥貴重得多麼？……你們需用的這一切東西，你們的天父是知道的。你們要先求祂的國，和祂的義，這些東西都要加給你們了。」（〈馬太福音〉六：25—33）

而對那些擁有很多卻缺少人生目標的人，祂說：「變賣你所有的，分給窮人，你還要來跟從我……」（〈馬可福音〉十：21）

簡樸生活不是禁慾，也不在乎表面化的節儉（例如說：吃八元或十二元的午餐，哪樣更為簡樸）；簡樸生活的基礎建立於人生方向和價值觀，簡樸生活的目標在於恢復人類本來的尊嚴和本來的自由。

我們已陷於窘境，這是唯一的出路，而當時代、社會腐蝕得要朽爛，抗衡的聲音就要喊得響亮；抗衡的行動也要來得激烈；人們才會猛然警覺呢。

一九八一年《突破》八十六期

要把生命投上，

必須找到奉獻的祭壇。

對這一代的青年，

只有另一個先知才可以跟馬克斯主義抗議——

那就是人耶穌基督。

These Things I Have Loved
選自——巴士·渡輪（十二）

辦公室前面的界限街在修路，本來是四條線行車的街道縮為兩條線，於是這通九龍東西的交通要道顯得更擁塞，更擠迫了。路上的每一吋在每一秒鐘都有車子在行駛，從一個交通燈到另一個交通燈，長龍的車子爬蟲般向前蠕動。開車煞車之間，車子噴出的廢氣與司機的煩躁一起發泄。而我們這些行人，幾乎給那迎面而來的塵土窒息住了。

辦公室對面和後面的房子也都在拆，改建為更高更華美的大廈。於是打樁的機聲整天不留情地震動我們的玻璃窗，震動我們的耳膜，打斷我們的思路……

在一個只重物質建設，而任由心靈被蹂躪、被閹割的世界，我們該如何保持身心靈的平衡？我們到哪裏找尋庇護所護衛着生命中最寶貴的東西？

中六那年，英文老師以These Things I Have Loved為題，着我們寫一首詩。記得自己寫出生活中一些很細緻的景物，或一些很瀟脫的趣事，如看着微塵在一孃陽光中飛舞便發楞一個上午，又如在滂沱大雨中，穿上雨衣、雨靴，戴上雨帽，跑到街上去濺雨，讓雨從四面侵襲而自己躲在傘下自得其樂……這都是十六、七歲的傻勁，和對刻板生活的一種抗議。

如今，當少年的傻勁遠去，生活日趨於機械化，繁華的物質愈發將心靈外逐，而科技文明的發達卻又給人類帶來更大的災難之際；如今，豈不更需要從桎梏中被釋放？豈不更需要一個庇護所、一個神聖的密室？

偶而，我會離開市區，到海邊去。不是那滿佈弄潮兒的七彩繽紛的熱鬧灘頭，而是少有人跡的幽僻的海天一隅。當我走離了巴士路線，從樹木草叢的掩映中瞥見一片澄藍的海，我的呼吸會突然屏息，整個人給一種極大的快樂攫住、淹沒。我的腳步會急急地往前衝，如同渴想與愛人會面，每一步的接近帶來更充盈的滿足。

"I must go down to the sea again, to the lonely sea and the sky..." 中學時代學會的詩句道出了我心底的呼喊。夾在大巴小巴、貨車和私家車噴出來的廢氣中，被迎面撲來的塵土窒息的當兒，這呼喊就愈是緊迫熱切。生活中絕對缺不了屬於海與天的自由。

每每在深夜，在一天辛勞工作之餘，在聽完所有的電話、看完所有的文件、處理完所有人事的問題、開完了又長又煩、令人心力交瘁的會議之後，我開了悉心設計的卡式錄音機，挑選德伏扎克的大提琴協奏曲，或馬勒的第四交響樂曲，於是大提琴沉鬱的嗚咽、豎笛清澈的潺流、「天使之歌」渾厚豐盈的女高音，都透過四聲道的喇叭流瀉出來，充塞我的斗室。而音樂家偉大的心靈也就在那一剎那將生命提升。

當音樂也寂止下來，內外世界的活動都凝固，我遂退入心靈最隱祕的密室，與創造和救贖我的主宰會晤。

我瞻仰、頌讚、省察、傾吐，那如烈火、如甘霖的能力重新燃燒、洗滌、滋潤……

這就是庇護生命、提升生命的祕訣。

放眼看世界

七十年代文化藝術潮流

一九七七，七十年代過了一大半，該給它作個「小清算」了吧。可是教我們如何去描述七十年代呢？

想起六十年代，就想到一個「大運動」的時代：學運、反戰、反權威，反叛派民歌手Joan Baez以她的吉他為旗幟，領導着千萬熱情的青年羣眾唱出震撼全球的“We Shall Overcome”。

六十年代是旗幟鮮明的；在學術、藝術的領域，也是各種「派別」、「主義」分得清清楚楚，一點不含糊。可是七十年代呢？

不同的評論家對七十年代有不同的看法，不同的着眼點；可能他們唯一同意的就是七十年代是多元性的、多層面的，無法給它簡化地指出某一個主流來。

七十年代猶如在霧中看大城市夜景，燈色在霧中擴散、混和，幻成無數種彩色，使人目眩，難以從那片迷幻的色海中分辨城市的輪廓和焦點。

不過，若是我們冷靜地細心分析一下七十年代世界局勢以及各種藝術媒介的趨向，也可以看出一點端倪。

世紀末的病態

當世界逐漸跨進二十世紀最後的階段，科技發展攀到巔峯，甚至連太空也像是給我們征服了，但人類本身卻存在着不少嚴重的問題。

「我們製造了毀滅自己的武器！」

各國都為了鞏固軍事實力，相繼進行核子試驗，不讓美蘇專利。雖然七零年宣佈了禁核條約生效，七三年中共即宣布試爆氫彈，七四年印度又宣布進行地下核爆。大家心裏都明白，「和平」只是個騙人的口號。自從二次大戰以來，強國沒有一刻停止備戰，冷戰的陰影無時不給予人極大的心理威脅。

「地上的資源也給我們用光了！」

以前的人從沒想到地球村的資源會有用光的一天，但踏入七十年代，這情形就嚴重的威脅着我們。非洲好幾個地區發生大旱，數以百萬計的人活活的餓死。這才使人驚覺經濟學家曾發出的警告，若人口不斷膨漲，終有鬧世界性糧荒的一天。能源問題也給了野心政治家的好機會，實行用威脅達到目的。自從七三年阿拉伯等國家減產石油、禁運及提高油價以來，引起了用油國極大的恐慌。因為沒有油，機械就不能動，工廠減產，大企業倒閉，工人失業，經濟隨着不景。

「我們的鈔票也不值錢了！」

接踵而來的就是通貨膨漲和貨幣貶值。英鎊於七二年宣布自由浮動，疲弱不堪，七四年經濟最蕭條的時候，法郎、義幣，甚至連美元也相繼貶值了。大家愈來愈沒有安全感。

大變動的時代

從很多方面來說，七十年代是自二次大戰以來，政治局面變化幅度最大的年代。

一九七零年，領導阿拉伯陣線的埃及總統納薩去世；七五年，西班牙的佛朗哥元帥去世；七五至七六年中國幾個政治巨人：蔣介石、周恩來、和毛澤東相繼殞逝。他們的去世都震撼着世界。

當這些跨越了兩個世紀、塑造了二十世紀命運的巨人一個個地殞落，年青的一輩不禁自問：「我們能承擔他們留下來的空檔嗎？」

七十年代的醜聞層出不窮，而且牽涉的還是政府要員。最哄動的莫如「水門事件」和「洛歇醜聞」了。雖然，醜惡的事情世世代代都有，只是在民主掛帥、大眾傳播發達的七十年代，這種事情才會被揭發，公諸於世。敏感及憤世的年輕人就受不了——「這世界太醜惡了！」

七十年代的政變真是層出不窮，如葡萄牙、安哥拉、莫三鼻給；就連最安定的澳洲、加拿大也鬧政變，大家心底裏都不禁呼喊：「給我們一點安全感吧！」

世界各處危機四伏，殘酷的戰爭無日止息。中東局勢一觸即發，巴勒斯坦解放軍以殘忍恐怖的手段屠殺平民，進行報復行動。慕尼黑世運會的屠殺令人髮指。當去年黎巴嫩內戰恐怖的景象經大眾傳播轉達全球，人們的反應是：「人類要殘忍到哪一個地步呢？」

逃避現實，移情作用

文化、藝術總是反映生活和人們心態的；有了上述背景，我們就不難明白為什麼七十年代出現那麼多色情暴力影片和災難片。

經濟危機嚴重地打擊了各種文化事業，惟有電影院和劇場仍常爆滿。看戲既可以暫時忘卻現實生活又有移情作用，因此片商拚命製作廉價的色情貨品以娛觀眾。法國的色情片充斥市場到一個地步，政府要提高課稅來管制。

災難片和恐怖片是七十年代一個顯著特色，帶給人很濃重的世界末日的感覺。《海神號歷險記》是較早拍成及較有深度的災難片；接着《沖天大火災》、《驅魔人》、《大白鯊》、《火車大災難》、《空中大災難》等，一部比一部刺激。其中《驅魔人》（The Exorcist）及《大白鯊》（Jaws）都是文學作品改編過來的，而《大白鯊》原作者是當代美國小說家彼得•賓治利（Peter Benchley），該書成了七三年度最暢銷小說。

遠在一九二九至三三年經濟危機時期，荷里活也出現過類似恐怖、災難片潮；今天面對更可怕的能源危機、核子武器威脅，及普世性的不安定，這些透過超級技術拍攝出來加陪恐怖的影片不過是觀眾心理的投射罷了。不但刺激了觀眾的官能，幫助他們發泄情緒，而且更轉移了他們恐懼的視線，忘卻日常生活那些真正切身的苦惱。

同樣的，一如一九二九至三三年代，今日在經濟不景氣的陰影籠罩下，百老匯上演的歌劇場場爆滿；而在經濟最不振的英國，人民更樂得躲入劇院觀劇，揮去心中的不快。英國雖然國運蹇滯，似乎已失去領導西方文化的地位；但在戲劇方面，仍然保持幾個世紀優良的傳統，近年來最獲好評的一齣戲劇：《無人之地》（No Man's Land）就是英國劇作家潘特（Harold Pinter）所寫。而士氣低落的英國人目前最能炫耀於人前的竟是一九七六年啟用的「國家劇院」。劇院位於泰晤士河畔，耗資三千二百萬美元。

歷史的反省，自我的反省

影片的另一個潮流是從歷史擷取題材，近年來法國影圈特別流行"Retro"這個字眼，也就是「反省」的意思。這類影片題材比較嚴肅，多半涉及納粹統治下痛苦的經驗，有不少藝術水平高的佳作。香港上演過的有傑出女導演加芬尼斯（Liliana Cavani）拍的《魂斷多瑙河》（The Night Porter）。

美國影人拍製的有三部名片屬於自我反省性質，而且也都由名著改編。"Nashville"是部有關美國生活的史詩；《飛越瘋人院》（One Flew Over The Cuckoo's Nest）是對現代文明的控訴；而根據兩個記者合寫成的《驚天大陰謀》（All The President's Men）嘗試詮釋水門事件及尼克遜的垮台。

在文學方面，七十年代出版的書不多（經濟影響），小說很少，而多是歷史性和傳記性的書籍，如史家Charles L. Mee有關羅斯福與邱吉爾的"Roosevelt & Churchill: Their Secret Wartime Correspondence"，軍人James Jones有關二次大戰的"World War II"，和記者Olivier Todd有關越戰的"The Ducks of Ca Mau"。以色列已下野的梅爾夫人也寫了她的自傳——"My Life"。

當然，最能幫助全人類去自省的該算是索忍尼津（Solzhenitsyn）的《古拉格羣島》（The Gulag Archipelago），他在七四年出版第一集，七五年出版第二集，是很厚的鉅著。快將出版的是有關列寧的傳記。出版商在經濟最蕭條的年間肯投資這種鉅著，也因索忍尼津已是名聞全球偉大的文學家吧。

懷舊病．懷舊狂

去年美國紀念開國二百周年，百老匯推出的是"Porgy & Bess"，一套猶如梁山伯祝英台一樣家傳戶曉的歌劇，不但在紐約和華府演出，而且全美、甚至北上加拿大巡迴演出，愈演愈旺，觀眾如痴如迷地陶醉在那三十年代的民間故事中。他們執迷地相信那是更真更善更美的年代，生活沒有那麼複雜醜惡，人間洋溢溫暖，即使在痛苦中仍有溫馨真摯的愛情。

美國人適逢開國紀念，更激發思古幽情，嚮往那些古遠的美好日子，對傳統的一切油然重生好感。不過早在七十年代的初期，這懷舊病就已發作；當日子愈漸艱苦，這病加劇成為「狂」了。米奇老鼠手錶重新流行；冰哥羅士比唱的《白色聖誕》製成了卡式錄音帶；莎莉譚寶再次成為青春偶像；《亂世佳人》捲土重來；最受歡迎的電視片集是《快樂家庭》——以五十年代為背景的富人情味的故事。當老牌演員鍾．歌羅福在一個影展中當主持，重映她在一九三三年拍的影片，發現觀眾大半是二十五歲以下的年輕人。

有些評論家說這懷舊的浪潮自甘迺迪總統遇刺便開始了；那噩耗結束了「美好的日子」，以後是越南戰爭、種族暴動、馬丁路德．金被殺。……那些痛苦的創傷需要撫慰。一個熱門音樂評論家說：「這一代是沒有將來的，除了人口爆炸、核彈、吃人的電腦計算機，他們什麼都沒有了。」另一個藝術評論家說；「三十歲以下的一代拚命從過去挖掘一些能賦予他們意義的東西。」

是的，甚至新拍攝的影片也喜歡從過去摭取題材。《大亨小傳》（The Great Gatsby）、《老千計狀元才》（The Sting）、《唐人街》（Chinatown）——這幾部膾炙人口的電影，都取自二、三十年代背景的故事。

John Denver——陽光的孩子

懷舊病的另一面也在熱門音樂裏表現出來。六十年代的「樂與怒」漸漸沉寂，披頭四的嘶喊、貓王的呼嘯逐漸低沉。越戰已結束，反戰歌唱不出勁頭了。當然，歌壇仍有不少歌星，如Elton John，Neil Diamond等都在唱，但就沒一個能打入觀眾的心坎。

懷舊之餘，「鄉村音樂」（Country Music）再次流行起來。更積極的聽眾懷念Bob Dylan和Joan Baez有內容的歌，他倆竟於七五年聯袂巡迴演出。但是樂壇仍孤懸着一個空檔，需要有新生命的注入。

John Denver填補了這個空檔，成為七十年代熱門音樂的「桂冠詩人」、時代的寵兒。John Denver其實是很平凡的，他的樣貌、服飾、台風、歌喉、音樂創作，都樸樸實實的，沒有什麼出人頭地之處。然而他的平凡就造成了他的不平凡，因為在這個充滿不安定、焦慮、光怪離奇的世界，人們渴望得到一點點心靈的安寧，喜歡聽到較為簡單、帶點希望的信息。當John Denver唱出Rocky Mountain High，Sunshine on My Shoulders，人們就看到優美的洛磯山脈閃耀着陽光。醫院的病人寫信告訴他說，聽到Take Me Home，Country Roads，Poems，Prayers & Promises，他們會停止痙攣，抑鬱的心情也舒暢多了。

一個二十一歲的文員道出他的心聲：「Stevie Wonder老是從大城市的貧民窟發出吶喊，他唱的對我來說太難明白；Dylan苦悶得要吸食大麻，而Paul Simon又是一個孤獨者。只有John Denver，你完全明白他講的是什麼。」

Denver自己也說：我是「代表眾人的人」。無怪乎他的唱片銷三千萬張以上，暢行全球。

從創作肯定自我

藝術家的生命是滿有張力的，絕不甘於受抑制。當他們意會到人類已成為機器的奴隸，自己製造的工具已不受控制，甚至會成為技術謀殺的對象，他們就更要從創作中重新肯定人的價值。

由於各種客觀社會因素，七十年代不算是藝術的黃金時代；但不同領域的藝術家都不斷發揮他們創作生命的精粹，並沒有一定的體系，卻走出各自不同的路來。

在「塑造藝術」的領域（The Plastic Arts），前衛藝術家們衝破所有傳統的限制，甚至衝破六十年代各種的派別，純粹跟從自己直覺的靈感和創作衝動，用自己喜歡的材料和方式，將心靈的形象塑造出來。一方面，他們反叛了五、六十年代的抽象畫，重拾寫實的作風，而創了新寫實主義。另一方面，他們比六十年代的前衛派更前進，不但突破平面向空間發展，在材料方面也不斷創新。鋼鐵固然是他們喜用的材料，一面魚網，一塊布料或幾張報紙也可以搬上展覽場。在觀念上，他們根本不容許藝術作品受到任何規範，例如西德有名的「人體藝術家」Joseph Beuys將自己與一隻狼鎖在房間內來表示各類生命的共同性。美國的Robert Rauschenberg可算象徵現代藝術的表表者。目前他的作品在美國各地巡迴展出，包括油畫、絲網、雕塑，應有盡有。

另一較顯著的特色就是攝影終於被接受為正式的藝術形式。七十年代，攝影作品大行其道。不但如此，許多藝術家還是運用攝影寫實的技巧，來塑造極其細緻的作品。

文學方面，七十年代的確不算太出色，許多偉大的文學家如艾略特、福克納、史坦貝克都在六十年代作了古。但除了蘇聯的索忍尼津，還有拉丁美洲最偉大的小說家馬奎斯（Gabriel Garcia Marquez），和義大利的蒙他利（Eugenio Montale），這位七十九歲的詩人曾獲七五年諾貝爾獎金，有人將他與艾略特媲美。獲七六年度諾貝爾文學獎的貝羅（Saul Bellow）已是相當穩紮的小說家；而最新崛起的E. L. Doctorow在七五年出版了一本名

“Ragtime”的小說，被譽為文學界最有前途的新秀。

而在電影方面，大師們仍然不顧潮流，繼續拍製他們藝術的作品。日本的黑澤明推出他第一部彩色影片《沒有季節的小墟》，瑞典的英瑪•褒曼似乎在本年代創作生命旺盛，製作了好幾部影片，包括最新的《面對面》。瑞典另一位大師保威德堡連續推出了《碧血黃花》、《迷你國腳》等佳片。法國的杜魯福繼續拍攝他那些純美的影片，而義大利的費里尼竟在七五年秏資一千萬美元去完成另一部雄心鉅作。

追求性靈的解放

七十年代初期，美國大學生盛行「裸跑」。甚至在寒冷的清晨，你會看見一個女孩子或男孩子，赤裸全身，只穿着一雙運動鞋，使勁的從宿舍跑出來，經過學校的行政大樓、講室、操場，視途人若無睹。他們要發泄的是什麼？要抗議的又是什麼？

這些年來，不少歐美知識分子對東方古老文化的恬靜幽遠起了嚮往的心，有的去印度，在恆河畔默想流水如斯，有的去伊朗，在素非田莊對着晨暉夕照頂禮膜拜。有的學瑜珈，有的甚至當了出家人，將繁華世界看作塵土。

大學裏近年來最吸引學生的課程是「超級冥想」（Transcendental Meditation）。這年輕的一代，在大麻、迷幻藥、酒精、性愛之外，漸漸也覺悟，生命無限的外逐只會導致滅亡。於是他們一再尋求自省，甚至願意下苦功去靜坐、默想、推理，只要達到超越自我的境界。

在教會裏面出現新五旬節時代，追求聖靈充滿，追求聖靈的恩賜，拋棄私有財產和獨立家庭生活制度，許多人生活在一起，學習過團契的生活、愛的生活。這種「羣居」方式在教外也十分盛行。

對靈界的追求也驅使許多人走向極端，甚至走火入魔。各種邪術、巫術、妖法、甚至魔鬼教通行歐美各階層。學者們再也不能忽略超自然的領域，因此近年來又興起一門新的學問叫「超感知覺學」（Extrasensory Perception）。

這一切說明什麼？當人類正洋洋得意地以為自己能代替上帝去支配「大宇宙」，卻發現對自身存在最基本的問題茫無所知。現代文明最嚴重的病徵是生命的外逐與心靈的枯竭。在這世紀末的七十年代，人類猛然發覺已走到滅亡邊緣而拚命找尋自救之道。然而人類能否憑自己的力量自救？這又是另一個問題。

放眼看世界潮流，可能也會幫助我們有點自省呢。

一九七七年《突破》二十九期

我們責無旁貸！

洛桑之行——一次國際性的集會

踏出日內瓦機場，馬上就有一種「國際」的感覺。畢竟這是最「國際性」的地方，多少歷史上有名的會議曾在這裏召開，多少重要的條約曾在這裏簽署。瑞士不但是個中立的國家，而且它的國民是由不同的血統組合而成。主要的種族有法國、德國、和義大利；除此以外，歐亞非各國的人民都有，因此所謂的「瑞士人」其實是血統最不「純正」的。也因此在這個國家裏，各種族都能夠和洽相處，沒有種族歧視這回事。而且「國際會議」開多了，瑞士人對別的國家人民真是「見怪不怪」，不會投以「好奇」的眼光。走在瑞士的街道上，你不會太強烈地感覺自己是個「異鄉人」。

從日內瓦到洛桑，沿途呈現於眼前的是一幅中世紀歐洲鄉村的風景畫：起起伏伏的山坡連綿不絕地伸延着，小巧精緻的紅磚屋子點綴着翠綠的山谷，而每個山谷都能夠清晰地看到一個小教堂的尖塔。這幅圖畫就是我們小時候在童話書裏面看過的。

湖山環繞的謐寧的洛桑市（Lausanne）突然哄動起來：來自全球一百五十個國家約三千多位客人麕集於這優雅的大學城。有名的「美麗宮」（Palais de Beaulieu）為了迎賓，裝飾得特別雍容華麗，一片喜氣洋洋。洛市的市長特地把花圃砌成大會所用的圖案，噴泉有勁地湧出清洌的水花，而最引人注目的是那些彩色繽紛的飄揚着的國旗。

洛桑市的市民對這些陌生的客人都彬彬有禮，十分客氣。（瑞士人本來就是很好客，很溫和的。）而這些本來互不相識的客人也熱情地彼此打着招呼，每個人臉上都綻開一朵微笑。這羣人是什麼人？他們來這裏幹什麼？

氣氛是輕鬆而熱鬧的，可是召開會議的目的卻是非常嚴肅。這是一個國際性的世界宣教會議，參加者是來自全球各個教會的基督徒。他們都共同深深地關切全世界還沒有聽到耶穌基督的福音的億億萬萬的人。他們看到人類實在陷於極可怕的困境中——糧食的缺乏、通貨膨脹、暴力、兇殺、戰爭、憎恨、焦慮、家庭悲劇、人際關係的破裂、道德標準的崩潰……這許多問題的產生完全是因為人背叛創造他的神，以自我為中心，墮落罪惡之中。要改變社會必須先改變人與人之間的關係；而要恢復人與人之間正常的關係，則必須恢復人與神之間正常的關係。除了向上帝悔改，接受祂的救恩，人類再沒有盼望。

早在一九六六年，在西柏林召開過一次同樣性質的會議——只是規模比較小，參加的人數也比較少。然而自一九六六年到現在，不但世界的問題愈來愈嚴重，而且世界人口增加的速度也驚人！

這次的大會安置了一個「人口增長率時鐘」（Population Clock），根據統計，平均每秒鐘就有兩個人出生。我站在這「時鐘」面前，看着數目字跳動的速度，真是怵目驚心。自西柏林會議至洛桑會議，世界人口增加了590,199,076。而就在洛桑會議十天之內，世界人口就已增加了1,852,887。誰去關心這些寶貴的靈魂？誰去把福音帶給他們？

我們責無旁貸！這次的會議就是基於對人類前途的關心，我們聚集在一起，商討如何最有效地在本世紀之內把福音傳遍世界每一個角落。

很明顯的，是耶穌基督的愛把我們連繫在一起。在這個會議裏，「促進國際友誼」絕不是一句美麗的謊言，而是名副其實的。有好幾個感人肺腑的例子：南非種族歧視的問題是「馳名世界」的，雖經過聯合國苦心的勸導，其他「先進」國家的杯葛，但那些驕傲自大的頑固分子依然「我行我素」。可是在這個會議中，來自南非的白種及非白種「弟兄姊妹」們聚在一起，誠懇地商討如何合作回到本國努力消弭種族歧視，充分發揮了在基督裏的彼此尊重和相愛。（是的，要解決問題必須從改變人心做起。）

又譬如說，巴基斯坦和孟加拉（即以前的東巴基斯坦），這麼多年來由於語言和文化的隔閡，種下深仇大恨，以致爆發革命和戰爭。然而在這個會議裏，巴基斯坦和孟加拉的「弟兄們」歡聚一堂，共同唱出讚美歌聲。（是的，在基督裏所有的圍牆都被拆毀了。）

在這裏沒有「超級大國」！美國雖然因為國家人口多而參與者的比例也較高，但他們絕不能有任何優越感；相反地，來自亞洲、非洲和南美洲的所謂「第三世界」的參與者都受到特別的重視。一天，我碰到一位New Hebrides 的弟兄，他告訴我他是那地區唯一的參與者，我驚喜地與他握手。我相信這小地區唯一的參與者也一樣受到重視。

的確很難得有這樣的機會與這麼多不同種族的「弟兄姊妹」歡聚一起。一天，在車上，我碰到一個穿着像和尚那樣衣服的人，再看看他的名牌，寫着「西藏」。我既詫異，又高興。在我們中國所謂「漢滿蒙回藏」五族，我還沒有遇見過「藏」人。細談之下，原來他的祖先來自西藏，可是目前他自己住在印度邊界的「西西藏」，不隸屬中國政府的管轄。無論是語言、文化或感情，藏人與漢人完全格格不入，可是因着耶穌基督的愛，我們的隔閡就消除了。

又有一位很戲劇化的人物——荷蘭籍八十二歲的Miss Corrie ten Boom。她是荷蘭第一位正式被政府承認的女鐘錶匠。第二次大戰爆發，她和家人因為幫助藏匿猶太人，被德國納粹黨抓去。她在集中營受盡折磨，而且幾乎與其他九萬六千個婦女一樣遭受被焚化的厄運。只是由於一個很奇妙的神蹟，她逃出魔掌。大戰完了，她到處去傳揚福音，並且把她的經歷寫成書。“The Hiding Place”一書極為暢銷，光是在美國已銷出兩百萬本。目前已由World

Wide Pictures拍成電影，聽說會提名競選奧斯卡金像獎。我有機會在一次記者招待會中與Miss ten Boom談話，並且已申請該書中文的版權，也許以後可與《突破》讀者分享呢。Miss ten Boom 在大會中作見證，提到一次在德國傳道的時候，一個婦女願意接受耶穌的救恩，突然她發現這就是以前在集中營殘酷地虐待過她妹妹的德國護士。「憎恨攫住我，」她說：「可是馬上想到聖經裏的話，上帝就給我力量，讓我也能夠愛她。」真心的饒恕、真心的悔改，不可能的事都成了可能的。

在繁忙的開會日程中，我們也偷閒去觀賞瑞士的湖光山色。在海拔六、七千呎以上的山上，我們進入另一個境界。瑞士的山峯遠看巉巉峭削，反映出北國冰雪長年的侵蝕；可是較低的山腰卻滿布可愛的冬青樹。更可愛的是沿着山坡建築的 chalet，即木頭蓋成的各種形狀的房子。尤其在這夏天的時候，每間chalet的門口和窗口，都吊着鮮艷奪目的盆栽。可是最可愛的還是山上那些億億萬萬不知名的小花。試想整個冬天，大地都被冰雪封鎖，可是當夏天來了，冰雪融掉，大地冒出各式各樣、各種顏色的小花！哦，奇妙的創造！奧祕的生命！

一個黃昏，我獨個兒到附近的湖邊去散步。清爽的空氣、清澈的湖水、清靜的小天地，我願意在這裏待上一整天、一整年、一輩子。……可是我有我的責任、我的使命，我就必須離開這美麗的「世界公園」，回到空氣污染、聲音嘈雜的人羣中。

一九七四年七月二十日寫於洛桑

我們的城市

遍遊了世界好幾個大城市歸來，我不得不承認，以天然景色論，我們的城市確有值得我們引以為榮之處。別的城市儘管有它們古國的文化、它們的博物院、它們藝術的作品；可是説真的，有幾個國際大都市像香港一樣擁有如此嫵媚多姿的山和海？

一個由山巒、海峽、島嶼環繞着的城市，自有它獨特的美，而且美得醉人。每次乘天星小輪渡海，雖只有五分鐘的路程，我總覺得很幸福。剛經過車水馬龍的銀行區、縱橫穿貫的天橋與隧道、五十二層以鋼鐵和玻璃構成的康樂大廈，只一水之隔，我遂又抵達另一個車水馬龍的鬧市。然而這可貴的「一水」：海闊天空，煥然一新，機動的渡輪有勁地破浪前衝，船身激起浪花，濺起白沫。在那五分鐘，生命充實而有意義。……偶而從太平山頂俯瞰，一座座三合土森林被鑲嵌在海洋和山峯之間，海上浮着大大小小的島嶼。黛色的山、黛色的水，山外有山、水外有水，如仙境一般的畫面……

造物主賦予我們的城市何等豐沃的天然財富！

然而這城市的居民卻整天生活在恐怖的陰影裏，那些短暫的幸福都被更大的不幸所抹煞。在這個市區面積每平方公里住上三萬二千五百人的地方，快要被空氣污染窒息的香港人，卻不敢到山林吸取一點清新空氣。（到現到我們還忘不了母子在石梨貝水塘清晨散步而被殺害的慘劇。）我們的學童在課餘、考試之後竟被剝奪到郊野享受康樂活動的權利！（不過前一個星期，一個考完小學會考的女童跟着哥哥到慈雲山去採集標本，竟在途中被色狼姦污。）我們有着蒼鬱的山林、清幽的野徑，卻躲在家裏看電視，任由山徑長滿蔓草，樹木在風中低訴它們的寂寞。……（因為我們的印象猶新，一羣二、三十個男女青年在郊遊野餐之際，在四、五個拿着刀子的「阿飛」挾持人質威脅之下，全體就被掠去財物。）

當我們一家人或一羣朋友到郊外旅行，我們只管往人叢中擠，互相倚賴以求安全。雖然我們煩透了別人的手提收音機發出的聲音，也厭惡人堆中的濁氣——可是我們就需要那一點點的安全感。我們遙望遠處孤立的一個形狀奇特的山峯，凝視下面意境清絕的一泓潭水，我們渴想沿小徑攀上去或走下去（我們的心渴想得作痛）——可是結果還是往人叢中擠。不是我們怕與大自然相對，而是害怕山徑旁突然跳出一個持着兇器的人，我們害怕看他那猙獰的臉孔。

我們辜負了大自然的美，只因害怕跟我們同類的「人」。

我們將自己緊緊關在大鐵門裏面，有人按鈴，心驚膽跳地從門上一個「小電眼」窺視誰在外面，套上防盜鍊，把門打開一點，再看清楚外面是不是熟人。若是陌生人，我們趕快把門「砰」一聲關起來，隔着門扯大嗓子講話。我們不敢信任任何人。(別怪我們，一個從新加坡來的女孩子習慣了信任、習慣了隨便開門，就在香港朋友的家中被歹徒綁架了。) 每逢出門，踏進電梯，或走到梯間，隨時擔心有人把我們的脖子「箍」起來，把我們身上的東西搶掉；或是將一把涼涼的刀貼近我們的體膚，要是身上帶的錢「不令人滿意」，或是我們本能地呼喊，刀子是無情的，拿刀的人更是無情的。(相信我們還記得那在梯間被刺斃的十九歲的可愛的女學生。)

我們居住的大廈本來就沒有草坪可供小孩玩耍，我們也不敢讓孩子們跟小朋友到公園去玩耍，惟恐他們被販賣人口的惡棍拐帶，或被色情狂的漢子非禮。我們的中學生在「被踢入會」的威脅下驚惶度日，在放學回家途中隨時會被「黑人物」圍攻而死在血泊中。

我們的城市本來面積就很小，而黑社會還要把它畫成許多「勢力範圍」，對任何「過界」的人，不管是有意無意，或完全沒有關係的，也會隨時將他們置諸於死地。他們絕對不要「擴大圈子」，因為他們活在恐懼中；因為一旦出了自己的「範圍」，他們就隨時有危險。

啊，休談「人際關係」！我們絕不會向陌生人道句「早安」，(我們連鄰居是誰也不曉得呢）我們在街上低頭疾步而過，惟恐多看別人一眼，便招來殺身橫禍！

在這個城市裏，我們不敢信任跟我們同是「人」的人，我們害怕。……我們活在恐懼中。

為這城市哭泣吧——它是被咒詛的，被死亡的陰影籠罩！

我每天讀報，常常捧着報紙失聲痛哭。難道人性真是歪曲到這樣一個地步！難道人命真是如此低賤？難道再沒有什麼是神聖的、可珍惜的、值得我們重視的？難道這就是我們底美麗的城市……

為這城市禱告吧——它需要救恩，它唯一的盼望在於上帝的救恩！

我深深相信除非這城市悔改，轉向上帝，它是沒有盼望的。嚴刑峻法有它的必要，可是治標的方法解決不了人性基本的問題。教育有它的地位，可是教育只能給人作為指標的理論，無法給人對付罪惡引誘的力量。

我深深相信我們每個人都必須真誠悔改，接受上帝的赦免，和順服祂的旨意，這樣我們才肯順服祂絕對的道德標準，尊重他人的主權。只有當我們體會到上帝的愛，我們才真正懂得愛，因為上帝就是「愛」。只有當我們與上帝恢復正常關係，我們的人際關係才會恢復正常。

一九七四年六月四日

將生命再一次交託

選自——巴士‧渡輪（十七）

只是一小時的飛行，可是離開了地面的一小時卻有一種完全抽離現實的感覺。

那是該天最後一班飛機吧，機上的服務員都露出倦容，遞過晚餐後便都躲在機艙後面的空座位裏看書或打瞌睡，乘客們用過晚膳，也都默默地閉目養神。平日機上的打情罵俏，賣煙賣酒的雜沓一時消失，一種淡漠的靜默籠罩了整個機艙。

龐大的機翼在暮色中推進，在一重重一層層的雲中有節奏地推進。那節奏是緩慢的、神祕的。在離開地面的太空中，即使一小時飛行九百哩也顯得是緩慢的。

從小小的窗口我只能看到半邊機翼，在濃重的暮色中那推動着雲層半邊的機翼卻顯得無比龐大和奇怪，彷彿整個宇宙天地間就只空懸着這巨物。這巨物似是非常孤單的，卻又是非常穩定的向着前面一個固定方向移動。只要巨物仍在我視野中前進，我就有一種穩妥的感覺，我就能鬆弛地享受那美麗而莊嚴的雲彩。

只有在空中你才能夠真正看清楚雲。那在上面壓着你、在下面承住你、在前後左右包圍着你的雲層多麼奇特，那堆堆疊疊像棉花像雪球像波浪的雲海多麼壯觀！而在暮色蒼茫中，一抹橘紅從層層的灰雲中透出來，只有那麼一抹，但那瑰麗的色彩教你心折、讚嘆、神往。

我一向都喜歡飛行：我喜歡那抽離了地面的現實以後的孤絕；我喜歡上了天空以後，與蒼茫宇宙同行的感覺，那是更接近永恒的。

一般人都覺得飛行很危險。家裏的一位長輩每逢看到報上刊載飛機失事罹難的消息，總是要高聲朗誦出來，給我們警覺，接着還要和我們講論半天，結論就是最好少出門到外地旅行。每次我們家裏有人乘飛機，他總是很緊張又關心地提醒我們要注重哪一家航空公司更可靠，哪一種模型的飛機更安全。我另一位親戚對飛行簡直產生了無法克服的恐懼感，身為二十世紀的現代人，（況且她年紀也並不大）她卻絕不考慮到外國去，因為她無法忍受乘坐飛機這可怕的念頭。

其實地面的危險更多。巴士、貨車、電單車墜崖、相撞，甚至衝上行人道的慘劇無日無之，大概就是發生得太多了，人們就把它接受為平淡的現實。無論如何，總不比一次空難來得那麼「轟轟烈烈」。

大概人是連繫於地的，一旦離開地面，就失去安全感。但對我個人來說，每次飛行，當飛機在跑道上加強速度，準備衝上天空之際，都帶給我一次新的啟示——對生命再一次的反省，將生命再一次交託。

其實人生最要緊是定好方向，有了方向，就定了心，即使在高空飛行也是很穩妥的。於是你能夠沉醉於欣賞那龐大的機翼在雲層中推進……

重築祭壇
選自——書信（第一組．二十四．致全體FES同工、義工及支持者）

眾人問祂說：我們當行什麼，才算作神的工呢？
耶穌回答說：信神所差來的，這就是作神的工。
——〈約翰福音〉六：28－29

主內親愛的弟兄姊妹：

從紐約回的秋風裏向您們問安。

這一段日子我好像只是在遊歷、休息、讀書、跑圖書館、聽音樂、看舞台劇……表面看來我好似沒有作神的工作，可是這裏面實在有神的美意。神對祂的工作和工人有祂美好的安排，從創世之始就已經顯明。神用六天創造這世界，到第七天歇了工，稱這天為安息日。祂頒布的律法一再強調安息的重要性，連土地到了第七年也不可再在上面耕種，免得抽盡泥土的養料，而得不到好收穫。因此我實在很高興自己工作的機構看到這方面的重要而開始實行「安息年」的措施。

自從創辦《突破》，馬不停蹄地衝了六年多，從一份雜誌到兩份雜誌到書籍出版，從文字工作到輔導到影音，這些我都參與了。六年多下來，精力大量超支和長期過分緊張，使身體的健康、精神的健康和靈性的健康都亮起了紅燈。其實早就警覺一些危險的信號：當我發現愈來愈少時間安靜親近神，愈來愈少時間休息和娛樂，而真正的閱讀和寫作幾等於零的時候，我知道自己的工作不再有效，我必須停止。先知以賽亞的呼喊對我也是非常適切的：「你們得救在乎歸回安息，你們得力在乎平靜安穩。」（〈以賽亞書〉三十：15）

離開了香港，離開了繁重的日常工作、響個不停的電話，離開了無聊卻又蠱惑人的電視，內心世界突然寬敞起來，神也變得更真實、更近、更親。

未去紐約之前，（在溫哥華）身體、心靈可說最為軟弱，對「未來」、對「不可知的因素」存着極大的恐懼。對紐約的天氣、環境、居住的地方、學習的可能性、一切、一切——都沒有把握，給莫名的「焦慮」攫住了。過去大半年積下來的倦氣、過勞、緊張，一下子全都發作開來，結果大家都聽說我在溫哥華病倒了。剛開始我的計畫就病倒，多麼泄氣。……於是我在神面前傾心吐意，分析自己為什麼失去信心。

一旦到了紐約，就像昔日以色列人的腳踏進約旦河，心境豁然開朗起來。今秋的紐約，異常和暖，天高氣爽，燦白的陽光到處揮灑，我逢人笑着說：我把陽光帶到紐約來了。住的地方本來也不好找，可是我很快就找到十分理想的地方，是一間基督教機構辦的賓館，在曼克頓市區中心七十五街，旺中帶靜，既安全又方便，乘地底火車到哥倫比亞大學只要十分鐘，到百老匯街Times Square也是十分鐘，到Lincoln Centre走路也可以。於願足矣！於是我整天乘地底火車上下曼克頓，躑躅於古雅的哥大校園，埋首於千萬卷書，又每星期必看一齣舞台劇，或聽一場音樂會。噢，還有，歷史博物館就在後面街（美術博物館也不遠），而只要走三分鐘，就可以抵達有名的中央公園，靠近我們這邊，有個小湖，湖水澄明，襯托着四周的林木，也頗有點靈氣。晴朗的日子，輒往湖濱散步默想。噫，主所賜給我的，實在超過我所想所求的。……

選紐約是選對了。美國的出版事業，紐約佔了很重的成分（光是看New York Times就是一門學問），尤以雜誌而言，好幾份有名堂的雜誌，總辦事處都設在紐約。藝術方面，早已成為當今國際藝術之都。在紐約這多姿多采的萬花筒（包括罪惡的一面），要體驗的太多了，唯一最遺憾的是我只有兩個月的時間！（因為嚴冬快到，而我羸弱的肺部是抵受不了的）。

每每在七十五街那斗室中，忽然停下來，猛然醒覺身在紐約——那麼陌生、那麼複雜的地方——遠離我所熟悉、所能倚恃的一切，彷彿在無限的宇宙中孤懸着。同時又深深地、深深地體驗到主的同在——只有祂是真實的、最親近的。

想想我在這裏做什麼，反省過去的歲月：每一階段、每一步，再展望未來的路程，我只有俯伏、敬拜，重修損毀了的祭壇。

主看重的並不是我作的工；祂看重的是我這個人如何活在祂面前。但願我再和您們見面的時候，對主和對生命都有了更寶貴的體認。

您們的代禱是有功效的，謝謝您們。我在這裏也常常記念您們。

蘇恩佩　七九．十一．十八　寄自紐約

我被驅使着前進，
往一個未知之地。
狹道愈走愈峭峻、崎嶇，
空氣愈來愈凜冽、鋒利。
一陣風從我那未知的目的地，
撥動起
期待之弦
仍然問着
我終會抵達彼方嗎？
那兒生命鳴出
一個清晰晶澈的音響，
劃破寂靜

微笑着，坦誠而正直——
他的身軀克苦耐勞，控制自如。
這個人已達成所能成為的人
也就是他所是的——
準備好在任何一刻集合所的
獻上一個簡單的祭

——韓瑪紹，《痕》1925-1930年間作品選段（蘇恩佩譯）

祢這在我們之上的，
祢這在我們之中的，
祢這——
也是在我們裏面的，
惟願所有人能夠看到祢——也在我身上，
惟願我能夠為祢預備道路，
惟願我能夠為着將要臨到我的一切感謝祢，
惟願我也不忘記別人的需要，
保守我在祢的愛中，
如同祢願意所有人也被保守在我的愛中。
惟願我這個人所有的一切都是為着祢的榮耀，
也惟願我永不會沮喪。
因為我是在祢的手中，
而在祢裏面乃是一切的權能與良善，
賜我一顆純潔的心——使我能看見祢，
一顆謙卑的心——使我能聽見祢，
一顆充滿愛的心——使我能服事祢，
一顆充滿信的心——使我能住在祢裏面。

——韓瑪紹，《痕》1954年作品選段（蘇恩佩譯）

《這一代先知在哪裏？》收錄主要作品年表

1964 〈這一代中國人的悲哀〉……出處不詳

1966 〈剖視〉系列……台灣《校園》雜誌八卷一至八期

1970 〈致醫學院同學〉……台灣《大專團契通訊》，後又刊於《校園》二十二卷二期

1972 〈我能為這個城市做什麼？〉……新加坡《前哨》雜誌第一期

1973 〈城中的死亡〉……《校園》十五卷二期

〈他們也有靈魂〉……《前哨》五期及《校園》十五卷三期

〈獻給年青的朋友〉……香港《抉擇》月刊八月號及十月號

——（一）青春底權利

——（二）奉獻底祭壇

〈我們應有的政治意識〉……北美CBSG Bulletin

〈這一代的先知在哪裏？〉……《使者》Vol. XIV, No. 4

1974 〈我們的城市〉……《突破》四期

〈洛桑之行——一次國際性的集會〉……《突破》五期

1975 〈從《教育白皮書》談到我們的教育理想〉……《突破》八期

〈巴士‧渡輪〉……《突破》八至四十二期。
後結集入《巴士‧渡輪‧747》，
突破出版社（1980年）

1976 〈大江東去〉……《突破》十六期

〈多樣貌的城市生活〉……《突破》二十一期

1977 〈放眼看世界——七十年代文化藝術潮流〉……《突破》二十九期

〈悼蕭校長〉……《突破》三十一期

1980 〈簡樸生活的實踐——訪韓華德伉儷及我的自省〉……《校園》二十二卷八期

1981 「簡樸生活」特輯……《突破》七十五期

——〈序言：你可以選擇另一種生活方式〉

——〈「簡樸」是「自由」〉

〈我們再沒有別的選擇〉……《突破》八十六期